Die Önereersken von
Sylt

Die Önereersken von Sylt

Sagen und Märchen
von Nordfriesland und anderswo

Neu erzählt von Linde Knoch
mit einem Anhang zum kulturhistorischen Verständnis

Bilder von Ingo Kühl

Wachholtz

Alle Rechte, auch die des auszugsweisen Nachdrucks, insbesondere der Vervielfältigung, die Einspeicherung in elektronischen Systemen sowie der fotomechanischen Wiedergabe und Übersetzung vorbehalten.

ISBN 978-3-529-03528-9
www.wachholtz.de
© 2008 Wachholtz Verlag Neumünster
© für die Abbildungen bei Ingo Kühl

Inhalt

Vorwort

Märchenhafte Sagen und sagenhafte Märchen ... 6

Die Sage von der Herkunft der Friesen

Der Ursprung der Friesen und das Schiff Mannigfuald (Nordfriesland) ... 8

Von Wasserwesen in Nordfriesland und anderswo

Der Meermann Ekke Nekkepenn (Nordfriesland) ... 10
Ekke Nekkepenn und Inge von Rantum (Nordfriesland) ... 12
Klabautermännchen (Nordfriesland) ... 14
Ran und die drei Töpfe am Meeresgrund (Nordfriesland) ... 16
Warum das Meerwasser salzig ist ... 18
Der Mantel der Meerjungfrau (Nordfriesland) ... 20
Die Wassernixe (KHM 79) * ... 26
Die Nixe im Teich (KHM 181) ... 28
Imap Ukua, die Mutter des Meeres (Eskimo) ... 32

Von Landwesen in Nordfriesland und anderswo

Die Önereersken und König Finns Hochzeit (Nordfriesland) ... 36
Der Mühlstein am seidenen Faden (Nordfriesland) ... 38
Die Kindbetterin in Husum (Nordfriesland) ... 41
Sneewittchen (KHM 53) ... 42
Das Schwert in den Tribergen (Nordfriesland) ... 48
Puk (Nordfriesland) ... 50
Nis Puk in Hattstedt (Nordfriesland) ... 52
Die Wichtelmänner (KHM 39) ... 53
Der Kobold und die Ameise (Österreich) ... 54
Die Katze vom Dovreberg (Norwegen) ... 55
Die Trollhochzeit (Norwegen) ... 56
Die Bienenkönigin (KHM 62) ... 59
Die Zwerge im Kampf mit den Riesen (Nordfriesland) ... 60
Das blaue Band (Schleswig-Holstein) ... 62
Die zwei Riesen (Ostfriesland) ... 64
Stompe Pilt (nordisch) ... 66
Wie die Önereersken vertrieben wurden (Nordfriesland) ... 68

* KHM = Kinder- und Hausmärchen der Brüder Grimm

Anhang mit Anmerkungen zu den Sagen und Märchen ... 70
Quellenangaben ... 77
Verzeichnis der Bilder ... 78

Märchenhafte Sagen und sagenhafte Märchen

Die Sylter lieben ihre Sagen: kurze, deftige Erzählungen mit einem geschichtlichen Kern. Sie berichten von dem rauen, oft harten und ärmlichen Leben der Fischer dieser Insel aus früheren Zeiten. Die Menschen hatten wenig Grund zu süßen Tagträumen und fröhlichen Geschichten. Die Bewältigung des Alltags und das Beschaffen des täglichen Brotes verlangten alle Kräfte und vollen Einsatz der Menschen. In die Sagen sind märchenhafte Motive eingeflossen, so dass man oft keine deutliche Zuordnung treffen kann.
In den Volksmärchen der Brüder Grimm, von denen hier einige als vergleichende Beispiele eingefügt sind, werden Wasserwesen einfach Wassermann oder Nixe oder Meerjungfrau genannt. Die Nordfriesen geben ihnen Namen: Der Wassermann heißt Ekke Nekkepenn und ist erkennbar eine volkstümliche Gestalt des nordischen Meergottes Eiger, Ägir oder Ögis, der in der isländischen Dichtung der Lieder-Edda eine Rolle spielt. Die Meerfrau heißt Ran.
Es ist eine naheliegende Vermutung, dass es auf Sylt viele Erzählungen gibt, in denen Wasserwesen eine bedeutende Rolle spielen. Aber mit Erstaunen stellt man fest, dass es mehr Geschichten von Landwesen gibt. Neben den Riesen spielen vor allem die Önereersken eine Rolle, so heißen auf friesisch die kleinen unterirdischen Wesen (von öner = unter, eersken = Erde), für die wir verschiedene Bezeichnungen kennen: Zwerge, Puken, Trolle. Die Önereersken gelten einerseits als die Ureinwohner Sylts, werden andererseits von dem Sylter Heimatforscher Christian Peter Hansen als Erdgeister bezeichnet, was auf ihre Jenseitigkeit hindeutet.
Vom Ursprung der Sylter Friesen gibt es eine Sage, die am Anfang dieser Sammlung steht, eindeutig geschichtsbezogen mit Ort- und Zeitangaben, wie Seemannsgarn erzählt. Dieser Ausdruck kommt uns bei den Märchen nicht in den Sinn. Sie sind zeit- und ortlos, und Wunder sind darin selbstverständlich. Die Erzählungen der einen und der anderen Überlieferung sind durch Landschaft, Klima und Lebensweise der

Menschen geprägt und in ihrer Ähnlichkeit und Verschiedenheit von den Lesern und Hörern ganz unterschiedlich aufgenommen, verstanden und bevorzugt worden. Hier sind Sylter und andere nordfriesische Geschichten von mir neu erzählt und damit für unsere Zeit wieder lebendig gemacht. Bei den Texten der Brüder Grimm, die vielen Kindern ja bis in den Wortlaut hinein vertraut und lieb sind, ist der Originaltext weitgehend stehen gelassen worden.

Im Anhang sind den Texten Anmerkungen zum geschichtlichen und kulturellen Hintergrund beigegeben. Dem Vergnügen und dem besseren Verständnis der Märchen kann es möglicherweise dienen, die Erläuterungen zuerst zu lesen. Die alten, uralten Geschichten wurden und werden immer wieder neu erzählt und gern gehört. Das zeigt ihre Kraft und ihre Bedeutung, ja, ihre Wahrheit, wenn sie auch nicht unserer äußeren Wirklichkeit entsprechen.

Im Vorspann einer friesischen Geschichte wird von einer tüchtigen Frau erzählt, die einen bequemen Mann hat. Sie wirft ihm vor: „Ja, Geschichten erzählen kannst du ganz gut!" Der Faulpelz wehrt sich und sagt: „Du glaubst wohl nicht, was ich sage? So frag doch die Muhme, die hat's mir erzählt, und die weiß es von ihrer Nichte, die es wieder von ihrer Schwiegermutter gehört hat, und die Schwiegermutter der Nichte der Muhme ist das rechte Geschwisterkind von unseres Nachbarn Frau!" Dann muss es ja wohl wahr sein!

Den Erzählungen sind Bilder des auf Sylt lebenden Malers Ingo Kühl zugeordnet, die auf ihre eigene Art von der Wildheit und der Kraft der Natur an der See sprechen und jeweils einen Aspekt einer Geschichte beleuchten und hervorheben.

Linde Knoch

Die Sage von der Herkunft der Friesen

Der Ursprung der Friesen und das Schiff Mannigfuald

In alten Zeiten lebten die Friesen weit weg von ihrer jetzigen Heimat. Sie lebten an einem Küstenstrich des östlichen Mittelmeeres. Eines Tages aber wurden sie von fremden Eroberern bedrängt, die ihnen die Freiheit rauben wollten. Die Heerscharen, die in das Land einfielen, waren gewaltig an Zahl und Stärke, die Friesen konnten keinen Widerstand leisten. Aber sie liebten ihre Freiheit über alles, und sie wollten nicht Knechte eines anderen Volkes werden. Da beschlossen sie, lieber ihre Heimat zu verlassen, als sich ihren Feinden zu unterwerfen.

Die Friesen waren ein seetüchtiges Volk. Sie besaßen viele Schiffe. Aber sie fürchteten, durch die Stürme auf dem offenen Meer voneinander getrennt zu werden und in verschiedene Richtungen verschlagen zu werden. Sie beratschlagten, was zu tun sei, und schließlich sagte einer: „Wir vereinigen alle Schiffe zu einem Einzigen, das alles Volk aufnehmen kann, mit Hab und Gut und Vieh und Getreide!" So geschah es, und sie nannten das Schiff Mannigfuald. Sein Vordersteven war wie der Kopf eines riesigen Walfisches gestaltet, und es hatte ungeheure Ausmaße. Um vom Bug zum Heck zu gelangen, brauchte man Wochen. Der Koch, der für die Mannschaft das Essen zubereitete, hatte einen riesigen Kessel, darin fuhr er mit einem Kahn in der Suppe herum, um die Klöße herauszufischen. Und die Matrosen, die mit glattem Kinn in die Rahen stiegen, kamen mit Vollbärten wieder herunter.

Die Friesen waren noch nicht lange unterwegs, als sie in heftigen Streit gerieten. Das Durcheinander auf dem Schiff Mannigfuald war ungeheuerlich! „Wir brauchen einen Anführer!" riefen einige und wollten schon nach den Waffen greifen, um die Entscheidung im Kampf auszufechten, da zog ein schweres Gewitter auf. Nun mussten sie alle gemeinsam ihre Kräfte einsetzen, damit sie nicht in den Fluten untergingen. Einige, die in der drohenden Gefahr immer noch meuterten, wurden kurzerhand über Bord geworfen, dem Meeresgott zum Opfer. Kaum war das geschehen, da teilte sich das dunkle Gewölk am Himmel, und die Sterne zeigten ihnen den Weg nach Westen. Das Meer glättete sich, und in der Stille war nur noch das Plätschern am Bug zu hören.

Plötzlich tauchte aus dem Meer eine riesige, bleiche, nebelhafte Gestalt auf. Sie schritt auf das Schiff zu und betrat die Planken. Die Friesen wichen erschrocken zurück. Dem unheimlichen Fremden troff das Wasser aus den langen Haaren und aus den Gewändern. Ohne ein Wort zu sagen, verschwand er im Rumpf des Schiffes. Dann hörte man aus dem Innern der Mannigfuald Stimmen: eine helle und eine tiefe. Die Friesen lauschten, und ab und zu konnten sie einige Worte verstehen. Es klang wie „Gerechtigkeit" und „Einigkeit" und „Hoffnung." Da flüsterten sie einander zu: „Das wird der Uald sein, der Alte, der mit dem Fremden spricht." Sie hatten diesen Schutzgeist ihres Volkes noch nie gesehen, aber er begleitete sie auf der gefahrvollen Reise, das wussten sie.

Als der Morgen graute, kletterten die Mutigsten hinunter in den riesigen Leib des Schiffes. Aber sie fanden niemanden, nur eine zusammengerollte Ziegenhaut lag da. Sie entfalteten sie und entdeckten auf ihr seltsame Schriftzeichen. Keiner konnte sie lesen, bis endlich Fresco herantrat. Er entzifferte die Schrift und las:

>„Kommt ihr ins für euch bestimmte Land,
>so macht euch friedlich mit ihm bekannt.
>Nicht Gewalt mache sich unter euch breit,
>euer Ziel sei Recht und Gerechtigkeit.
>Setzt euch Gesetze und findet Richter,
>die seien im Streit euch die Schlichter!
>Dann wird euch die Zukunft gelingen
>und Hoffnung für euer Leben bringen."

Als Fresco die Ziegenhaut immer weiter aufrollte, fielen drei kleine goldene Gestalten heraus: eine hielt Schwert und Waage, die andere Anker und Vogel, die dritte trug ein Kind auf dem Arm und führte zwei an der Hand. Da verstanden sie die Worte „Gerechtigkeit", „Einigkeit" und „Hoffnung." Von nun an schnitzten sie diese Gestalten als Verzierungen an Truhen und in Messergriffe, sie webten sie in die Stoffe ein und malten sie auf Wände. Und weil Fresco den Friesen die Verse gelesen hatte, baten sie: „Lenke du unser Schiff durch die Gefahren des Meeres! Du sollst unser Anführer und Gesetzgeber sein!" Da bestieg Fresco seinen Hengst, ritt auf der Mannigfuald vom Heck zum Bug, vom Bug zum Heck und sah überall nach dem Rechten.

Das schwerfällige Schiff kam nicht schnell voran. Mancher Friese starb und viele Kinder wurden geboren, ehe sie das Ziel erreicht hatten. Auch Fresco ergrauten die Haare, und man nannte auch ihn den Uald, den Alten, gleich dem Unsichtbaren, der sie begleitete.

Manchmal war ihr Leitgestirn, der Orion, von Wolken verdeckt. Dann waren sie in Gefahr, in eine Meeresbucht getrieben zu werden. Einmal sahen sie am nordwestlichen Himmel einen Feuerstrahl aufsteigen. Das war die Feueresse Vulkans, des Gottes der Schmiede, der seine Werkstatt im Ätna auf Sizilien betrieb. Als der Feuerberg hinter ihnen verschwand, tauchten hohe Uferfelsen an beiden Seiten des Meeres auf. Sie mussten das Meerestor finden zwischen den „Säulen des Herkules", so hießen die Felsen. Die Friesen gaben ihnen den Namen „Dit Nau", vielleicht weil das Schiff nur mit genauer Not hindurchkam.

Als sie durch die Meerenge gefahren waren, erlebten sie zum ersten Mal das riesige Weltmeer. Die Stürme brausten heftiger, und die Wellen wogten mächtiger. Die Meeresströmung riss das Schiff mit sich fort. Nirgends war Land zu sehen, und die Friesen fürchteten, dass sie an das Ende der Welt gelangt seien. Da entdeckte der Steuermann Saxo, der Bruder Frescos, am nördlichen Himmel einen fast stille stehenden Stern. Alle anderen schienen um ihn zu kreisen. Diesen Stern wählten sie von nun an zu ihrem Leitstern und segelten immer nach Norden.

Als sie wieder auf eine Küste trafen, beobachteten sie, dass das Wasser alle sechs Stunden sich vom Land entfernte und wiederkehrte. Da liegt irgendwo ein riesiger Wal, der saugt das Wasser ein und stößt es wieder aus, so dachten sie. Sie wussten nicht, dass sie zum ersten Mal Ebbe und Flut erlebten.

Je höher sie nach Norden kamen, desto häufiger hüllten dichte Nebel das Schiff ein. Aber sie sahen ein weißes Segel auftauchen, das zu einem Schiff aus den Nordländern gehörte, und sie folgten ihm. So gelangten sie an Klippen und felsigen Küsten vorbei in den Ärmelkanal zur Meerenge von Dover. Die schien so schmal und eng zu sein, dass sie fürchteten, mit dem riesigen Mannigfuald nicht hindurchzukommen. Fresco gab den Befehl: „Schmiert die Backbordseite des Schiffes mit weißer Seife ein!" Das half: Die Mannigfuald konnte sich zwischen den Klippen hindurchzwängen. Doch bis zum heutigen Tag haben die Felsen von Dover die weiße Farbe behalten, von dem Seifenschaum, den sie dem Riesenschiff abgestreift haben.

Endlich waren die Friesen dem Ziel ihrer Reise nahe. Sie segelten zunächst durch das Skagerrak und das Kattegatt in die Ostsee. Da gab es nur seichtes Fahrwasser, und beinahe wäre ihr Schiff stecken geblieben, wenn sie nicht schnell allen Ballast ins Meer geworfen hätten. Daraus entstand die Insel Bornholm. Sie aber kehrten schleunigst wieder um, kamen in die Nordsee zurück und gingen hier endlich vor Anker.

So sind die Friesen nach Sylt gekommen.

Von Wasserwesen in Nordfriesland und anderswo

Der Meermann Ekke Nekkepenn

Es war einst ein Schiff, auf dem segelten mutige Seeleute nach Westen. Plötzlich kam ein starker Sturm, der warf das Schiff in den Wellen hin und her. Die Männer glaubten schon, sie müssten untergehen, sie hatten keine Gewalt mehr über das Ruder und konnten nicht mehr steuern. Da sahen sie in den hohen Wellen neben dem Ruder einen großen Mann mit einem mächtigen Bart und langen Haaren. Er streckte seinen Kopf aus dem Wasser und rief: „Ich will den Schiffer sprechen!"
Die Seeleute riefen den Kapitän, der beugte sich über Bord und rief: „Wer bist du? Und was willst du?"
„Ich bin der Meermann, und meine Frau bekommt ein Kind. Sie braucht Hilfe bei der Geburt. Gib mir deine Frau mit!"
„Nein, meine Frau schläft, sie kann nicht kommen," antwortete der Kapitän.
„Sie muss kommen, sonst spektakelt meine Frau Ran noch mehr, und dann gibt es so argen Sturm und wilden Seegang, dass ihr alle zugrunde geht!"
Das hatte die Frau des Kapitäns mit angehört. Sogleich kam sie gelaufen und rief: „Ich will kommen und euch helfen!" Und schon sprang sie über Bord und tauchte mit Ekke Nekkepenn zum Meeresgrund. Da legte sich der Sturm, und die See wurde ruhig; das Schiff lag still da. –
Der Kapitän und die Männer standen und lauschten, und nach einer Weile hörten sie die Frau aus der Tiefe lieblich singen: „Heia, heia, hei – heia, heia, hei…." Und die Wellen schaukelten sanft wie eine Wiege. „Aha," dachte der Kapitän, „das Kind ist schon geboren."
Bald kam die Frau wieder aus der See an Bord des Schiffes. Sie war nicht einmal nass geworden, und sie hatte die Schürze gefüllt mit Gold und Silber. Der Kapitän hatte nun guten Wind bei seiner Handelsreise, und bald kehrte er mit seiner Frau und ihren Schätzen heim nach Sylt. Von nun an ließ der Kapitän seine Frau zu Hause in Rantum, wenn er wieder auf große Fahrt ging. *(s. Anhang S. 70)*

Ekke Nekkepenn und Inge von Rantum

Viele Jahre waren vergangen. Eines Tages erinnerte sich der Meermann an die schöne Frau des Kapitäns. Seine Frau Ran war alt geworden, er hätte gern eine junge gefreit, und er hielt Ausschau nach dem Schiff. Eines Tages sah er es kommen. „Ich will Heringe fangen," sagte er und befahl seiner Frau: „Mahle du in der Mühle Salz, für die Heringslauge!" und schwamm fort. Das Salzmahlen machte einen gräulichen Lärm, und vom Mahlstrom im Wasser wurde das Schiff mit Mann und Maus in die Tiefe gezogen, es versank.
Unterdessen schwamm der Meermann nach Sylt, stieg an Land und suchte die Frau des Schiffers. Am Abend kam ihm ein Mädchen entgegen, das war die Tochter der Kapitänsfrau, und sie glich ihrer Mutter in allem. Sie erschrak vor dem Meermann und wollte fortspringen, aber der Meermann hielt sie fest und steckte ihr einen goldenen Ring an jeden Finger, band ihr eine goldene Kette um den Hals und sagte:

    „Ich hab dich gefunden,
    ich hab dich gebunden,
    nun bist du meine Braut."

Sie weinte und bat: „Lass mich gehen!" Aber die Ringe und die Kette gab sie ihm nicht zurück. Da sprach er zu ihr:

    „Ich mag dich und will dich frein!
    Magst mich nicht? – Ich bin doch dein!
    Sag mir, wie der Meermann heißt.
    Frei bist du, wenn du es weißt!"

Damit ließ er das Mädchen gehen, und sie versprach, am folgenden Abend wiederzukommen. Sie dachte: „Ich bekomme wohl irgendwo zu wissen, wie der grässliche Freier heißt." Aber überall fragte sie umsonst,

keiner kannte ihn. Am nächsten Abend ging sie am Strand entlang und weinte. Da hörte sie auf einmal eine Stimme aus einem Hügel. Sie blieb stehen und horchte, erkannte die Stimme des Freiers, der sang:

"Delling well ik bruu;	"Heute will ich brauen,
Miaren well ik baak;	morgen will ich backen,
Aurmiarn well ik Bröllep maak.	übermorgen Hochzeit machen.
Ik jit Ekke Nekkepenn;	Meine Braut ist Inge von Rantum!
Min Brid es Inge fan Raantem,	Ich bin Ekke Nekkepenn!
En dit weet nemmen üs ik alliining."	Niemand weiß, wie ich mich nenn!"

Als das Mädchen das hörte, wurde sie wieder froh. Sie kehrte um und wartete am ausgemachten Ort auf den Freier. Es dauerte nicht lange, da kam er und wollte sie holen. Aber sie rief ihm entgegen:

"Du heißt Ekke Nekkepenn, und ich bleibe Inge von Rantum!"

Und dann lief sie heim, mit der goldenen Kette und den Ringen, und er war genarrt.

Seit der Zeit war der Meermann böse auf die Rantumer. Er trieb Schabernack mit ihnen und brachte ihnen Unglück, wo er nur konnte. Er überfiel ihre Schiffe und die Seeleute mit Sturm und jagte sie in den Grund zu seinem alten Weib, das sie in ihren Netzen fing. Er zerstörte zuletzt Land und Häuser der Rantumer durch Sand und Flut. *(s. Anhang S. 70)*

Klabautermännchen

Einmal befand sich ein Schiff auf hoher See. Da klingelte der Kapitän nach dem Schiffsjungen und befahl: „Bring mir eine Flasche Wein und zwei Gläser!" „Zwei Gläser, Kapitän?" fragte der Schiffsjunge verwundert, „Ihr seid ja allein, wie kriegt Ihr denn Besuch?" Der Kapitän befahl dem Jungen erneut „Bring zwei Gläser!" und als er damit zurückkam, sah er beim Kapitän den Schiffsgeist sitzen. Sie unterhielten sich, und der Kapitän schenkte dem Klabautermann Wein ein. Deshalb hatten sie eine gute Fahrt und kehrten alle glücklich heim.

Einmal aber verließ der Klabautermann ein Schiff. Es lag nach langer Fahrt im Hafen, und am nächsten Tag sollte mit dem Löschen der Ladung begonnen werden. Am Abend stand ein Matrose an Deck und dachte: „Nun werd ich bald meine Liebste wiedersehen." Da hörte er plötzlich eine feine Stimme, die rief etwas zu einem anderen Schiff hinüber. Und als er horchte, verstand er von dem anderen Schiff die Frage, ob sie eine

glückliche Fahrt gehabt hätten. Die feine Stimme in seiner Nähe antwortete: „Die Reise war schön, aber ich hab viel Arbeit gehabt. Die Masten wären gebrochen, wenn ich sie nicht gestützt hätte. Die Segel wären zerrissen, wenn ich sie nicht gehalten hätte. Die lecken Stellen im Schiffsraum habe ich gestopft, damit wir nicht untergingen. Aber nun mag ich hier nicht mehr sein. Der Kapitän und die Matrosen glauben, sie allein hätten das Schiff tüchtig geführt. Sie haben mich vergessen. Heut Nacht verlasse ich das Schiff."
Die Klabautermännchen unterhielten sich noch eine Weile, und der Matrose verhielt sich mucksmäuschenstill, bis alles an Bord ruhig war. Am nächsten Morgen flüchtete er schleunigst von dem Schiff, das nun vom Glück verlassen war. Er heuerte bei einem anderen Kapitän an. Das vom Klabautermännchen verlassene Schiff ging bei seiner nächsten Fahrt mit Mann und Maus unter. *(s. Anhang S. 70)*

Ran und die drei Töpfe am Meeresgrund

Es lebte ein armer Fischer, der konnte seine Familie kaum mit seinem ärmlichen Fang ernähren. Eines Abends kam er wieder mit wenigen Fischen heim, und seine Frau und sein Kind hatten nach dem Essen immer noch Hunger. Da ging er noch einmal an den Strand und hoffte, das Meer werde ihm irgendetwas anspülen, was seiner Not ein Ende machte.
Wie er dahinging, stand plötzlich ein Mann mit nassen, wirren Haaren vor ihm, das Gesicht totenblass, die Augen weit aufgerissen. Er bat: „Hilf mir! Ich werde es dir lohnen!"
„Und was willst du von mir?" fragte der Fischer.
„Sieh diesen Ring," sagte der Bleiche, „steck ihn an deinen linken Goldfinger und spring in die See. Du wirst in den Palast der Ran kommen. Die Meerfrau wird dich freundlich empfangen und dir Speisen auftischen. Aber lass dich auf nichts ein und iss nichts von ihren Köstlichkeiten. Sieh zu, dass du die drei im Raum umgestülpt stehenden Töpfe erreichst; den mittleren stoße schnell um." Und dann war der Freund verschwunden; der Goldring aber lag im Sand.
Der Fischer betrachtete das funkelnde Gold und überlegte, was er tun sollte. Dann fielen ihm die Hungernden, Frau und Kind, ein. Er steckte den Ring an den Finger und sprang in die See. Als er auf dem Meeresgrund war, spürte er keine Nässe. Er war auf einer grünen Wiese, die Sonne schien, und Männer mähten das Gras. In der Ferne hörte er Kuhglocken und Flötenspiel von Hirten. Die Männer kamen ihm bekannt vor; es war ihm, als sei er früher mit ihnen zur See gefahren, aber niemand sprach ihn an. Er kam vor ein großes kristallenes Schloss. Die hohen Türen taten sich von selbst auf, und eine schöne Frau trat ihm entgegen: „Kommst du endlich? Ich habe lange auf dich gewartet." Sie führte ihn in einen Saal; Kerzen brannten, die Tafel war mit köstlichen Speisen gedeckt – dem hungrigen Mann lief das Wasser im Mund zusammen.

Schon wollte er sich setzen, da sah er die drei umgestülpten Töpfe auf dem Boden stehen, und die Worte des bleichen Mannes fielen ihm ein. Mit einer schnellen Wendung stieß er an den mittleren Topf, und er fiel um. Da hörte er ein Zischen, und ein feiner Nebelfaden hob sich vom Boden und entschwand. Die Meerfrau sah ihn mit ihren grünen Augen zornfunkelnd an und wollte ihn packen. Da entdeckte sie den Ring an seinem Finger und sprang erschrocken zurück.

Ein Brausen erhob sich, es dröhnte dem Fischer in den Ohren, er fühlte sich emporgehoben und verlor die Besinnung. Als er wieder zu sich kam, lag er am Strand, und der Fremde beugte sich über ihn. Sein Gesicht war nicht mehr fahl und bleich, sondern frisch wie das eines Seemanns. Er sprach: „Du hast meine Seele vom Grund des Meeres befreit! Nimm als Dank diesen Topf." Dann war er verschwunden.

Der Fischer schaute in den Topf: Er war bis an den Rand mit Goldstücken gefüllt! Und denkt euch, so oft er davon ausgab, der Topf wurde nie leer. *(s. Anhang S. 71)*

Warum das Meerwasser salzig ist

Es lebte einmal ein Junge, der hatte keinen Vater und keine Mutter mehr. Er wuchs bei seiner Großmutter auf. Sie waren arm, aber der Junge war vergnügt und freundlich. Alle seine Spielkameraden hatten Geld, er besaß nichts. Eines Tages klagte er der Großmutter seinen Kummer: „Wenn ich nur ein paar Dukaten hätte!"
Die Alte besann sich ein Weilchen, dann humpelte sie in ihre kleine Kammer, kramte eine alte Mühle hervor und schenkte sie ihrem Enkel. „Sprich zur Mühle:
   Mühle, Mühle, mahle mir
    rote Dukaten gleich und hier!
Dann mahlt sie dir Dukaten, so viele du haben willst, und sprich:
   Mühle, Mühle, stehe still,
    weil ich nichts mehr haben will,
so hört sie auf zu mahlen. Du kannst dir alle Dinge mahlen lassen, die du dir wünschst. Sag aber niemandem etwas davon!"
Der Junge freute sich, nahm Abschied von seiner Großmutter und wurde Schiffsjunge. Als seine Kameraden einmal mit ihrem Geld spielten, ging er in einen Winkel und sprach:
   „Mühle, Mühle, mahle mir
    rote Dukaten gleich und hier!"

Da mahlte die Mühle viele Dukaten in seine Mütze. Als sie voll war, sprach er:

>„Mühle, Mühle, stehe still,
> weil ich nichts mehr haben will."

Da hörte sie auf zu mahlen. Nun war er der Reichste unter den Schiffsjungen. Weil der Schiffshauptmann ein geiziger Mann war und sie alle oft Hunger litten, ließ der Junge seine Mühle Brötchen und andere gute Dinge mahlen, so dass sie satt wurden. Die Kameraden wurden neugierig und wollten wissen, wie das zuginge. Aber der Junge sagte: „Das darf ich euch nicht verraten!" und sie gaben sich zufrieden, denn er teilte alles redlich mit ihnen.

Es dauerte aber nicht lange, da bekam der böse Hauptmann Wind davon. Eines Abends rief er den Jungen und befahl: „Bring mir die Zaubermühle, ich will sie frische Hühner mahlen lassen!" Der Junge brachte wohl die Hühner, aber die Mühle nicht. Da schlug der böse Mann ihn so lange, bis er sie herbeibrachte und ihn lehrte, was er sagen müsse, damit sie mahle. Den Spruch zum Aufhören aber verriet er nicht. Als der Junge dann allein an Deck stand, kam der Hauptmann, stieß ihn über Bord und sagte allen, er sei verunglückt. Dann ging er in seine Kajüte und wollte sich Salz zu den Hühnern mahlen.

>„Mühle, Mühle, mahle mir
> weiße Salzkörner gleich und hier."

Die Mühle mahlte, der Napf wurde voll, und der Hauptmann sprach: „Nun ist es genug." Doch sie mahlte weiter. Was er auch sagte, sie mahlte immerzu, bis die Kajüte voll war. Er wollte sie über Bord werfen, aber da bekam er einen Schlag versetzt, dass er zu Boden fiel. Das Salz bedeckte bald das ganze Schiff, es wurde schwerer und schwerer und drohte zu sinken. Der Hauptmann nahm sein Schwert und hieb die Mühle in Stücke, aber o weh, aus jedem Stück wurde eine neue Mühle, und alle mahlten Salz. Bald war es um das Schiff geschehen, es sank unter mit Mann und Maus und allen Mühlen. Die aber mahlen am Meeresgrund weiter. Wenn jemand ihnen auch den rechten Spruch zuriefe, sie könnten es nicht hören, sie stehen zu tief auf dem Grund. Dort mahlen sie immer noch, und daher ist das Meerwasser salzig. *(s. Anhang S. 71)*

Der Mantel der Meerjungfrau

In einem kleinen Dorf an der Nordseeküste lebte ein Fischer. Einmal fuhr er auf dem Fluss weit, weit landeinwärts, er wollte seine Fische in der großen Stadt verkaufen. Auf dem Marktplatz sah er eine Frau mit tiefschwarzem langen Haar. Sie war sehr schön, da fragte er, ob sie seine Frau werden wolle, und sie sagte ja. Sie war eine geschickte und fleißige Weberin und verkaufte ihr blendend weißes und mit schönen Mustern verziertes Leinen. In dem Heimatdorf des Fischers lebten die beiden glücklich miteinander und bekamen ein Kind, eine Tochter. Nur eines störte ihr Glück, die Frau fürchtete sich vor dem Meer, und sie musste doch jeden Tag ihren Mann mit dem Boot zum Fischfang hinausfahren lassen.
Eines Tages waren die Männer alle zum Fang ausgefahren. Da zog plötzlich ein schweres Gewitter auf. Nur wenige Männer, die in der Nähe der Küste gefischt hatten, konnten in die kleine Hafenbucht zurückkehren. Die anderen, die das Unwetter auf hoher See überrascht hatte, kamen im Sturm um. In den nächsten Tagen wurden die Ertrunkenen an Land gespült, nur von dem jungen blonden Fischer fehlte jede Spur. Er war am weitesten auf das Meer hinausgefahren, und keiner hatte ihn mehr gesehen. Lange hoffte die Frau, er sei von der Besatzung eines Segelschiffes gerettet worden. Täglich ging sie an den Strand, um Ausschau nach ihm zu halten. Aber Woche für Woche verging, und da fasste sie einen tiefen Groll gegen das Meer. Die Mutter hatte es nicht leicht, für sich und das Kind das tägliche Brot zu verdienen. Sie spann, webte und nähte von früh bis spät. Ihr flachsblondes Kind war fünf Jahre alt und kannte nichts Schöneres, als am Strand zu spielen und sich aus Sand und bunten Muscheln Burgen zu bauen. Doch nun verbot es die Mutter.
„Die See ist falsch und tückisch. Sie hat dir den Vater geraubt. Geh nie mehr an den Strand, und setze niemals den Fuß ins Wasser. Sonst bleibst du dort, wo dein Vater blieb, und ich sehe dich nicht wieder." Eines Abends wollte die Mutter noch ein großes Stück Leinwand fertig weben. Das Mädchen schlief in der Kam-

mer. Gegen Mitternacht nahm die Mutter das Licht und trat an das Bett ihres Kindes – das Lager war leer! Sie suchte im Haus, im Garten, sie rief den Namen des Kindes – umsonst. Sie lief zum Strand hinab – nichts war zu sehen. Die See lag ruhig. Es war windstill. Der Mond stand rund und voll am Himmel. In der Ferne klagte ein Nachtvogel. Die Mutter suchte nach Spuren im Sand, aber sie konnte nichts erspähen, und auch im Dorf hatte niemand das Mädchen gesehen.

Tage vergingen. Die arme Frau hörte nicht auf, nach ihrem Kind zu suchen. Jeden Tag ging sie an den Strand, ging hin und her, und eines Abends hörte sie einen zauberisch schönen Gesang aus der Ferne. Er klang vom Meer her. Die Frau trat nahe an das ihr unheimliche Wasser heran, und da erblickte sie, nicht weit vom Ufer entfernt, eine Frauengestalt, die bis zum Gürtel aus der Flut emportauchte. Sie trug einen Kranz von Seerosen im offenen Haar und sang leise.

> „Mein Schloss ist aus hellem Kristall,
> die Fische müssen mir dienen,
> und meine Lieblinge all,
> sie spielen und tanzen mit ihnen."

War die Tochter eine von den Lieblingen, von denen die Nixe sang? Die Furcht bezwingend rief die Frau: „Mein Kind! Hast du mein Kind?"

Die Meerfrau schwamm an das Ufer heran und setzte sich auf einen aus dem Wasser ragenden Stein. „Dein Kind wird nicht wiederkommen. Ich habe es zu mir geholt, und nie gibt die See etwas Lebendiges zurück. Aber tröste dich, die Kleine hat es gut. Alle Kinder, die ich bei mir habe, spielen und tanzen den ganzen Tag und wollen nicht wieder fort."

„Sehnen sie sich denn nicht nach Hause? Weinen sie nicht nach ihren Müttern?" fragte die Frau. „Sie sehnen sich nicht, und sie weinen nicht – sie haben alles vergessen" antwortete die Nixe.

Da bat und flehte die Mutter, sie flehte so lange, bis sich die Nixe erbarmte: „Wenn du dein Kind sehen willst, musst du mir tausend Meilen weit folgen durch Flut und Wellen und mit mir niedersteigen, wo die See am tiefsten ist, tausend Klafter tief unter den Wasserspiegel."

Die Frau überwand ihre Furcht vor dem Meer und sagte: „Ja, ich folge dir!"

Da schwamm die Meerjungfrau an den Strand und nahm sie auf ihren breiten schuppigen Schwanz. Dann glitten sie schneller als das schnellste Schiff durch die Wogen. Der Mond ging unter. Nichts war um sie als Wasser und Finsternis. Endlich strahlte aus der Tiefe ein Lichtschimmer auf. „Hier ist es," sagte die Nixe. Die Frau schloss die Augen, und schon schlugen die Wellen über ihren Köpfen zusammen. Als sie die Augen wieder öffnete, stand sie in einem kristallenen Palast, der das Wasser hell erleuchtete. Die Frau wurde in ein kleines Gemach geführt, und von da konnte sie durch eine glasklare Wand in einen Saal blicken. Dort vergnügte sich eine Schar Kinder. Einige schwammen mit Fischen um die Wette, andere tanzten Reigen. Einige Mädchen wanden sich Kränze aus Seerosen, und verwegene Knaben ritten auf Delfinen. Inmitten dieser fröhlichen Schar entdeckte die Frau ihre Tochter. Sie trug einen Kranz im Haar. Die Mutter rief sie an – aber das Kind hörte sie nicht. Nach einer Weile sagte die Meerjungfrau: „Du hast nun gesehen, dass sie es gut bei mir hat. Gib dich zufrieden!"

Plötzlich rauschte das Wasser in den Ohren der Frau und ihr wurde schwindelig. Sie griff nach dem Leib der Meerjungfrau und klammerte sich fest an sie. In Windeseile wurde sie ans Ufer zurückgetragen, aber sie ließ den schuppigen Schwanz der Nixe nicht los und rief: „Ich lasse dich nur von mir, wenn du mir das Kind wiedergibst!"

Die Nixe schüttelte sich, schlug mit ihrem Schwanz nach allen Seiten, aber die Frau ließ nicht los. „Gut," sagte die Nixe, „webe mir aus deinen Haaren einen Mantel, der meinen ganzen Leib bedeckt, dann sollst du dein Kind wiederhaben!" Sie gab ihr eine kleine Büchse mit einer Salbe. „Reibe dir damit die Kopfhaut ein, dann wächst dir das abgeschnittene Haar schnell wieder nach."

Da eilte die Weberin nach Hause, schnitt sich die langen nachtdunklen Zöpfe ab und webte Tag und Nacht. Sie nähte einen Umhang daraus, und beim nächsten Vollmond ging sie damit zum Strand. Die Nixe wartete schon auf dem Stein und ließ sich den Mantel um die weißen Schultern legen. Aber ach, er reichte ihr nur bis zum Gürtel.

„Er ist zu kurz! Er muss länger werden, viel länger!" rief die Nixe und gab ihn der Mutter zurück.

Als die Meerjungfrau an diesem Abend in ihr Schloss trat, ging sie auf das Kind zu und fragte: „Gefällt es dir bei mir, mein Kind?" „Aber freilich," antwortete das Mädchen und schlang seine Arme um den Hals der Nixe. Dabei geriet ein Haar in ihre Finger, das sich aus dem Gewebe der Mutter gelöst hatte. Als sie es entdeckte, betrachtete sie es lange. Woher mochte es nur kommen? Als sie das Haar bedächtig um einen Finger wickelte, wurde ihr weh ums Herz.

Nach einigen Tagen bemerkte die Nixe, dass das Kind nicht mehr lachte, und sie fragte: „Hast du Kummer, mein Kind?" Da wickelte das Kind das schwarze Haar vom Finger, hielt es der Nixe entgegen und sprach: „Schau, was ich gefunden habe." Die Meerjungfrau riss es ihr aus der Hand: „Das ist nichts für dich! Komm, ich singe ein schönes Lied für dich." Sie nahm das Kind in die Arme und sang.

> „Fern ist das Land, tief ist die See,
> hier unten gibt's nicht Leid und Weh,
> ei ei lei lei, ei ei lu lu,
> sing und tanz und spiel auch du.
> Schön ist mein Schloss, klar ist die Flut,
> hier unten geht es allen gut.
> Ei ei lei lei, ei ei lo lo,
> sei wieder heiter, wieder froh!"

Da schlief das Kind in ihren Armen ein, und am nächsten Morgen spielte es fröhlich wie immer.

Der Frau aber wurde die Zeit lang. Das Haar wuchs ihr nicht von einem Tag auf den anderen, trotz der Salbe. Es vergingen drei Wochen, bis es wieder die rechte Länge hatte. Aber diesmal war es nicht schwarz, sondern

weiß, schlohweiß. Sie schnitt es ab und spann und webte Tag und Nacht, und bis zum Vollmond war der Mantel fertig. Als sie ihn der Meerjungfrau diesmal um die Schultern legte, war die wieder nicht zufrieden. „Er reicht mir nur bis zur Mitte des Schwanzes! Das ist noch nicht genug! Und wie sieht er aus! Oben schwarz und unten weiß! Soll ich mich von allen Fischen im Meer auslachen lassen?" Sie warf das Gewebe von sich und rief: „Wenn du mir in vier Wochen nicht einen Mantel bringst, so schön, dass meine Schwestern mich darum beneiden, dann bekommst du dein Kind nimmermehr!"

An diesem Abend trug die Nixe, ohne es zu wissen, ein weißes Haar in ihr Schloss zurück. Es hatte sich aus dem Gewebe gelöst und sich in ihren Schuppen verfangen. Und als das Kind es berührte und in den Händen hielt, zuckte ein Schmerz in seiner Brust, und es rief: „Mutter, wo bist du?" Das Kind irrte von einem Saal in den anderen, von einem Gemach zum nächsten – aber nirgends konnte es aus dem Schloss kommen, alle Türen waren zugesperrt. Endlich begegnete es einer großen Schildkröte, die war wohl schon hundert Jahre alt. Es wuchs Moos auf ihrem Rücken. Als sie das Jammern des Kindes hörte, sprach sie: „Mein Kind, deine Mutter wob für unsere Herrin einen Mantel aus ihren Haaren, erst schwarz, dann weiß. Zweimal hat sie ihre Zöpfe dafür abgeschnitten, aber er war der Nixe nicht lang und schön genug. Nun muss sie warten, bis die Haare zum dritten Mal gewachsen sind. Aber sie wartet umsonst, die Wachstumssalbe ist aufgebraucht."

„Bring mich zu meiner Mutter!" flehte das Kind. „Das geht nicht," antwortete die Schildkröte. „Wenn du das Schloss der Nixe verlässt, wirst du ertrinken. Aber ich kann dir helfen, hör zu. Schneide deine blonden Haare ab, ich werde sie deiner Mutter bringen. Sie wird damit den Mantel fertig weben. Dann muss die Nixe dich zurückgeben. Aber nimm dich in acht! Sei lustig und munter wie sonst, und schmücke deinen Kopf mit Seerosen und Tang, damit die Nixe nicht das Fehlen deiner Haare entdeckt." Das Kind schnitt sich sogleich die Haare ab und übergab sie der Schildkröte.

Die Mutter ging unterdessen jeden Abend zum großen Stein am Ufer der See. Sie wollte die Nixe um neue Salbe bitten, aber die Meerjungfrau ließ sich nicht blicken. Immer hatte die Frau vergebens gewartet, aber an diesem Abend war der Stein nicht leer! Die Frau sah, wie sich etwas darauf bewegte, und dann plumpste ein mächtiges Tier ins Wasser. Die Frau trat näher heran, schaute und entdeckte das Bündel Haare auf dem Stein, blond wie das ihres Kindes!

In dieser Nacht fand die Frau keinen Schlaf. Sie dachte: „Wenn ich zu dem schwarzen und dem weißen noch einen blonden Streifen hinzufüge, wird der Mantel lang genug. Aber die Meerjungfrau wird ihn dennoch zurückweisen!" Sie trat an das Fenster, und wie sie zum Sternenhimmel emporschaute, wusste sie, wie sie den Mantel weben müsse. Geduldig trennte sie das fertige Gewebe auf und wob ein neues – auf dunklem Grund glitzerten goldene und silberne Sterne.

Als der Vollmond über dem Meer leuchtete, tat sie den letzten Stich an dem Gewand. Das war nun lang und schleppend wie der Krönungsmantel einer Königin. Eilig lief sie hinab zum Strand. Die schöne Nixe saß schon auf dem Stein. Sie griff nach dem Mantel und hielt ihn gegen das Mondlicht. Dann lächelte sie und legte ihn um die Schultern. Er hüllte ihre ganze Gestalt ein. „Jetzt ist er gut!" sagte sie. „Nun sollst du dein Kind wiederhaben. Nimm ein Boot mit, darin ruderst du mit deinem Kind zurück."

Wieder ging es in sausender Fahrt durch die Wellen bis an den Ort, wo das Schloss aus dem Wasser leuchtete. „Bleib hier und warte, dein Kind wird bald bei dir sein," sagte die Nixe und verschwand in den Wogen. Es dauerte nicht lange, da tauchte der Kopf des Kindes aus der Flut auf. Die Mutter zog es in das Boot und schloss es in ihre Arme.

Währenddessen eilte die Meerjungfrau durch die Säle des Palastes bis zu einem verschlossenen Gemach, zu dem allein sie den Schlüssel hatte. Sie schloss die Tür auf und trat ein. Auf einem Lager aus Tang und Algen lag ein großer blonder Mann und schlief. Die Nixe rüttelte ihn wach. Er richtete sich auf, sah sie an und sagte: „Deine Augen sind heute nicht so kalt wie sonst. Was hast du Gutes getan?"

„Ich habe ein Kind, das am Grunde des Meeres von allem Leid und vor aller Bosheit der Menschen geborgen war, zurückgeführt in die Arme seiner Mutter. Sie kann es nicht vor Leid und Gefahr bewahren. Ist das etwas Gutes? – Und ich habe einen Mann aus Sturm und Not vor Tod und Verderben errettet und in meiner Kammer geborgen. Ist das böse?"

Der Mann erhob sich und trat auf sie zu. Immer hatte ihn vor dem schuppigen Fischschwanz gegraust, wo war er geblieben? Und ein warmer Glanz lag in ihren Augen. Der Mann breitete seine Arme aus und zog die

Meerjungfrau an sich. Doch kaum hatte er ihr Gewand berührt, da überfiel ihn eine Erinnerung, und er rief:
„Wo hast du den Mantel her?"
Da funkelten ihre Augen wie Irrlichter, und sie begann zu singen. Sie wiegte ihren Körper im Rhythmus des Liedes.

> „Die See ist wild, die See ist weit,
> hier bist du vor allem Verderben gefeit.
> Was zuvor du besessen,
> das hast du vergessen."

„Heute singst du umsonst!" stöhnte der Mann. „Der Mantel ist gewebt aus den Haaren meiner Frau!" Aber die Nixe sang weiter.

> „Männer kämpften im sinkenden Boot.
> Sie mussten ertrinken, doch dir droht kein Tod.
> Was zuvor du besessen,
> das wirst du vergessen!"

„Hör auf mit deinem Lied!" rief der Mann. „Alles hatte ich vergessen! Ich wusste nicht mehr, wer ich bin und wie ich hierher kam. Jetzt aber weiß ich, das Haar meiner Frau war dunkel wie der Nachthimmel, und nun ist es bleich wie das Sternenlicht." Die Meerjungfrau sang weiter.

> „Du wohnst in einem kristallnen Gemach,
> von Korallen die Wände, von Perlmutter das Dach.
> Was zuvor du besessen…"

„Nein, das hab ich nicht vergessen! Ein Kind hatten wir, meine Frau und ich, blond, wie ich selbst es bin – ihre Haare hast du zum Mantel weben lassen, um deinen Fischschwanz zu verbergen!"
Als die Meerjungfrau das hörte, schrie sie auf. Mit jäher Bewegung zerschlug sie das Fenster und stieß den Mann hinaus in die finstere Flut. Der Himmel überzog sich auf Geheiß der Meerjungfrau mit schweren Wolken, es erhob sich ein wilder Sturm. Das kleine Boot mit der Frau und dem Kind drohte zu kentern. Da tauchte der Mann aus den Wellen auf. Er schwang sich in das Boot, und mit starken Armen ruderte er zur Küste und steuerte es in die heimatliche Bucht. Sie waren gerettet, alle drei. Im Dorf wurde ein Fest gefeiert, alle freuten sich. Und nie wieder hat die Nixe ein schlafendes Kind zu sich geholt. Der Fischer, seine Frau und das Mädchen, sie lebten glücklich miteinander, oder leben sie immer noch? *(s. Anhang S. 71)*

Die Wassernixe

An einem Brunnen spielten Bruder und Schwester. Wie sie so spielten, fielen sie beide in den Brunnen hinein. Da unten war eine Wassernixe, die sprach: „Jetzt hab ich euch endlich, jetzt sollt ihr für mich arbeiten!" Und sie führte die Kinder mit sich fort. Dem Mädchen gab sie verwirrten garstigen Flachs zu spinnen, und Wasser musste es schleppen und in ein hohles Fass schütten. Der Junge sollte einen Baum umhauen. Aber die Axt, die er bekam, war stumpf! Und zu essen bekamen die beiden nichts als steinharte Klöße. Da wurden die Kinder ganz verzweifelt. Sie warteten, bis es Sonntag wurde und die Nixe ausging. Kaum war sie fort, entflohen sie. Als die Nixe heimkam, sah sie, dass die Kinder fortgelaufen waren. Mit großen Sprüngen setzte sie ihnen nach. Das bemerkten die Kinder. Als sie die Nixe von Weitem kommen sahen, warf das Mädchen eine Bürste hinter sich: Da stand da ein großer Bürstenberg mit tausend und tausend Stacheln. Die Nixe

musste darüber klettern, das dauerte eine Weile, aber schließlich kam sie doch hinüber. Wie die Kinder das sahen, warf der Junge einen Kamm hinter sich: Das gab einen Kammberg mit tausend mal tausend Zinken. Wieder musste die Nixe mühsam über diesen Berg – aber sie kam drüber! Da warf das Mädchen einen Spiegel hinter sich: Da stand ein Spiegelberg, der war glatt, so glatt, dass die Nixe nicht hinüberkam. Sie rutschte ab, rutschte immer ab. „Ich will heimgehen," dachte sie, „ich will meine Axt holen und den Spiegelberg entzweischlagen!" –
Bis sie mit der Axt kam und den Spiegelberg entzweigeschlagen hatte, waren die Kinder schon weit, weit fort. Die Wassernixe konnte sie nicht mehr fangen. Sie musste wieder zurück in den Brunnen. Dort sitzt sie nun und wartet, ob wieder jemand hineinplumpst. *(s. Anhang S. 71)*

Die Nixe im Teich

Es war einmal ein Müller, der führte mit seiner Frau ein vergnügtes Leben. Sie hatten Geld und Gut, und ihr Wohlstand nahm von Jahr zu Jahr zu. Aber Unglück kommt über Nacht: Wie ihr Reichtum gewachsen war, so schwand er von Jahr zu Jahr wieder hin, und zuletzt konnte der Müller kaum noch die Mühle, in der er saß, sein Eigentum nennen. Er war voll Kummer, und wenn er sich nach der Arbeit des Tags niederlegte, so fand er keine Ruhe, sondern wälzte sich voll Sorgen in seinem Bett. Eines Morgens stand er schon vor Tagesanbruch auf, ging hinaus ins Freie und dachte, es sollte ihm leichter ums Herz werden. Als er über den Mühldamm schritt, brach eben der erste Sonnenstrahl hervor, und er hörte in dem Weiher etwas rauschen. Er wendete sich um und erblickte ein schönes Weib, das sich langsam aus dem Wasser erhob. Ihre langen Haare flossen über die Schultern herab und bedeckten ihren weißen Leib. Er sah wohl, dass es die Nixe des Teichs war, und wusste vor Furcht nicht, ob er davongehen oder stehen bleiben sollte. Aber die Nixe redete ihn an, nannte ihn beim Namen und fragte, warum er so traurig wäre. Der Müller war anfangs stumm; als er sie aber so freundlich sprechen hörte, fasste er sich ein Herz und erzählte ihr, dass er sonst in Glück und Reichtum gelebt hätte, aber jetzt so arm wäre, dass er sich nicht zu raten wüsste. „Sei ruhig," antwortete die Nixe, „ich will dich reicher und glücklicher machen, als du je gewesen bist, nur musst du mir versprechen, dass du mir geben willst, was eben in deinem Hause jung geworden ist." – Was kann das anderes sein, als ein junger Hund oder ein junges Kätzchen? dachte der Müller und sagte ihr zu, was sie verlangte. Die Nixe stieg wieder in das Wasser hinab, und er eilte getröstet und guten Mutes zu seiner Mühle. Noch hatte er sie nicht erreicht, da trat die Magd aus der Haustüre und rief ihm zu, er solle sich freuen, seine Frau hätte ihm einen kleinen Knaben geboren. Der Müller stand wie vom Blitz gerührt; er sah wohl, dass die Nixe das gewusst und ihn betrogen hatte. Mit gesenktem Haupt trat er zu dem Bett seiner Frau, und als sie ihn fragte:

„Warum freust du dich nicht über den schönen Knaben?" Da erzählte er ihr, wer ihm begegnet war und was für ein Versprechen er der Nixe gegeben hatte. „Was hilft mir Glück und Reichtum," fügte er hinzu, „wenn ich mein Kind verlieren soll? Aber was kann ich tun?" Auch die Verwandten, die gekommen waren, Glück zu wünschen, wussten keinen Rat.
Aber das Glück kehrte in das Haus des Müllers wieder ein. Was er unternahm, gelang, es war, als ob Kisten und Kasten von selbst sich füllten und das Geld im Schrank über Nacht sich mehrte. Es dauerte nicht lange, da war sein Reichtum größer als je zuvor. Aber er konnte sich nicht darüber freuen: Die Zusage, die er der Nixe getan hatte, quälte sein Herz. Sooft er an dem Teich vorbeikam, fürchtete er, sie könnte auftauchen und ihn an seine Schuld mahnen. Den Knaben selbst ließ er nicht in die Nähe des Wassers: „Hüte dich," sagte er zu ihm, „wenn du das Wasser berührst, so kommt eine Hand heraus, hascht dich und zieht dich hinab." Doch als Jahr auf Jahr verging und die Nixe sich nicht wieder zeigte, fing der Müller an, sich zu beruhigen. Der Knabe wuchs zum Jüngling heran und kam bei einem Jäger in die Lehre. Als er ausgelernt hatte und ein tüchtiger Jäger geworden war, nahm ihn der Herr des Dorfes in seine Dienste. In dem Dorf war ein schönes Mädchen, das gefiel dem Jäger, und als sein Herr das bemerkte, schenkte er ihm ein kleines Haus; die beiden hielten Hochzeit, lebten ruhig und glücklich und liebten sich von Herzen.
Einmal verfolgte der Jäger ein Reh. Als das Tier aus dem Wald in das freie Feld ausbog, setzte er ihm nach und streckte es endlich mit einem Schuss nieder. Er bemerkte nicht, dass er sich in der Nähe des gefährlichen Weihers befand, und ging, nachdem er das Tier ausgeweidet hatte, zu dem Wasser, um seine mit Blut befleckten Hände zu waschen. Kaum aber hatte er sie hineingetaucht, als die Nixe emporstieg, lachend mit ihren nassen Armen ihn umschlang und so schnell hinabzog, dass die Wellen über ihm zusammenschlugen.

Als es Abend war und der Jäger nicht nach Haus kam, geriet seine Frau in Angst. Sie ging aus, ihn zu suchen, und da er ihr oft erzählt hatte, dass er sich vor den Nachstellungen der Nixe in acht nehmen müsste und sich nicht in die Nähe des Weihers wagen dürfte, ahnte sie schon, was geschehen war. Sie eilte zu dem Wasser, und als sie am Ufer seine Jägertasche liegen fand, da konnte sie nicht länger an dem Unglück zweifeln. Sie rief ihren Liebsten mit Namen, aber vergeblich: Sie eilte hinüber auf die andere Seite des Weihers und rief ihn aufs neue: Sie schalt die Nixe mit harten Worten, aber keine Antwort erfolgte. Der Spiegel des Wassers blieb ruhig, nur das halbe Gesicht des Mondes blickte unbeweglich zu ihr herauf.

Die Frau verließ den Teich nicht. Mit schnellen Schritten, ohne Rast und Ruhe, umkreiste sie ihn immer von Neuem. Endlich waren ihre Kräfte zu Ende: Sie sank zur Erde nieder und fiel in einen tiefen Schlaf. Sie hatte einen Traum.

Sie stieg zwischen großen Felsblöcken angstvoll aufwärts; Dornen und Ranken hakten sich an ihre Füße, der Regen schlug ihr ins Gesicht, und der Wind zauste ihr langes Haar. Als sie die Anhöhe erreicht hatte, bot sich ein ganz anderer Anblick dar. Der Himmel war blau, und auf einer Wiese stand eine Hütte. Sie ging darauf zu und öffnete die Türe; da saß eine alte Frau, die ihr freundlich winkte.

In dem Augenblick erwachte die Frau. Der Tag war schon angebrochen, und sie entschloss sich, gleich dem Traum Folge zu leisten. Sie stieg mühsam den Berg hinauf, und es war alles so, wie sie es in der Nacht gesehen hatte. Die Alte empfing sie freundlich und zeigte ihr einen Stuhl, auf den sie sich setzen sollte. „Du musst ein Unglück erlebt haben," sagte sie, „weil du meine einsame Hütte aufsuchst." Die Frau erzählte ihr, was geschehen war. „Tröste dich," sagte die Alte, „ich will dir helfen: Da hast du einen goldenen Kamm. Harre, bis der Vollmond aufgestiegen ist, dann geh zu dem Weiher, setze dich am Rand nieder und strähle dein langes schwarzes Haar mit diesem Kamm. Wenn du aber fertig bist, dann lege ihn am Ufer nieder, und du wirst sehen, was geschieht."

Die Frau kehrte zurück; aber die Zeit bis zum Vollmond verstrich ihr langsam. Endlich erschien die leuchtende Scheibe am Himmel; da ging sie an den Weiher, setzte sich nieder und kämmte ihre langen schwarzen Haare mit dem goldenen Kamm, und als sie fertig war, legte sie ihn an den Rand des Wassers nieder. Nicht lange, dann brauste es aus der Tiefe, eine Welle erhob sich, rollte an das Ufer und führte den Kamm mit sich fort. Als der Kamm auf den Grund gesunken war, teilte sich der Wasserspiegel, und der Kopf des Jägers stieg in die Höhe. Er sprach nicht, schaute aber seine Frau mit traurigen Blicken an. In demselben Augenblick kam eine zweite Welle herangerauscht und bedeckte das Haupt des Mannes. Alles war verschwunden, der Weiher lag so ruhig wie zuvor, und nur das Gesicht des Vollmondes glänzte darauf.

Trostlos kehrte die Frau zurück, doch der Traum zeigte ihr wieder die Hütte der Alten. Am nächsten Morgen machte sie sich auf den Weg und klagte der weisen Frau ihr Leid. Die Alte gab ihr eine goldene Flöte und sprach: „Harre, bis der Vollmond wieder kommt, dann nimm diese Flöte, setze dich an das Ufer, blase ein schönes Lied darauf, und wenn du damit fertig bist, so lege sie auf den Sand; du wirst sehen, was geschieht."

Die Frau tat, wie die Alte gesagt hatte. Kaum lag die Flöte auf dem Sand, so brauste es aus der Tiefe: Eine Welle erhob sich, zog heran und führte die Flöte mit sich fort. Bald darauf teilte sich das Wasser, und nicht bloß der Kopf, auch der Mann bis zur Hälfte des Leibes stieg hervor. Er breitete voll Verlangen seine Arme nach ihr aus, aber eine zweite Welle rauschte heran, bedeckte ihn und zog ihn wieder hinab.

„Ach, was hilft es mir," sagte die Unglückliche, „dass ich meinen Liebsten nur erblicke, um ihn wieder zu verlieren." Kummer erfüllte aufs neue ihr Herz, aber der Traum führte sie zum dritten Mal in das Haus der Alten. Sie machte sich auf den Weg, und die weise Frau gab ihr ein goldenes Spinnrad, tröstete sie und sprach: „Hab Geduld, harre, bis der Vollmond kommt, dann nimm das Spinnrad, setze dich an das Ufer und spinn die Spule voll, und wenn du fertig bist, so stelle das Spinnrad nahe an das Wasser, und du wirst sehen, was geschieht."

Die Frau befolgte alles genau. Sobald der Vollmond sich zeigte, trug sie das goldene Spinnrad an das Ufer und spann emsig, bis der Flachs zu Ende und die Spule mit dem Faden ganz gefüllt war. Kaum aber stand das Rad am Ufer, so brauste es noch heftiger als sonst in der Tiefe des Wassers, eine mächtige Welle eilte herbei und trug das Rad mit sich fort. Dann stieg mit einem Wasserstrahl der Kopf und der ganze Leib des Mannes in die Höhe. Schnell sprang er ans Ufer, fasste seine Frau an der Hand und entfloh. Aber kaum hatten sie sich eine kleine Strecke entfernt, da erhob sich mit entsetzlichem Brausen der ganze Weiher und strömte mit reißender Gewalt in das weite Feld hinein. Schon sahen die Fliehenden ihren Tod vor Augen; da rief die Frau in ihrer Angst die Hilfe der Alten an, und in dem Augenblick waren sie verwandelt, sie in eine Kröte, er in einen Frosch. Die Flut, die sie erreicht hatte, konnte sie nicht töten, aber sie riss sie beide voneinander fort und führte sie weit weg.

Als das Wasser sich verlaufen hatte und beide wieder den trockenen Boden berührten, kam ihre menschliche Gestalt zurück. Aber keiner wusste, wo der andere geblieben war; sie befanden sich unter fremden Menschen, die ihre Heimat nicht kannten. Hohe Berge und tiefe Täler lagen zwischen ihnen. Um sich am Leben zu erhalten, mussten beide die Schafe hüten. Sie trieben lange Jahre ihre Herden durch Feld und Wald und waren voll Trauer und Sehnsucht.

Als wieder einmal der Frühling aus der Erde hervorgebrochen war, zogen beide an einem Tag mit ihren Herden aus, und der Zufall wollte es, dass sie einander entgegenzogen. Sie kamen in einem Tal zusammen, aber sie erkannten sich nicht, doch freuten sie sich, dass sie nicht mehr so einsam waren. Von nun an trieben sie ihre Herden nebeneinander: Sie sprachen nicht viel, aber sie fühlten sich getröstet.

Eines Abends, als der Vollmond am Himmel schien und die Schafe schon ruhten, holte der Schäfer die Flöte aus seiner Tasche und blies ein schönes, trauriges Lied. Als er fertig war, bemerkte er, dass die Schäferin weinte. „Warum weinst du?" fragte er. „Ach," antwortete sie, „so schien auch der Vollmond, als ich zum letzten Mal dieses Lied auf der Flöte blies und mein Liebster aus dem Wasser hervorkam." Er sah sie an, und es war ihm, als fiele eine Decke von den Augen; er erkannte seine Frau; und als sie ihn anschaute und der Mond auf sein Gesicht schien, erkannte sie ihn auch. Sie umarmten und küssten sich, und ob sie glückselig waren, braucht keiner zu fragen. *(s. Anhang S. 72)*

Imap Ukua, die Mutter des Meeres

Es wird erzählt, dass Uitsataqagitsoq, Der Blinde, ein gewaltiger Angakok war. Einmal machte sich der Schamane auf die Reise zur Mutter des Meeres. Sie war die Herrin der Meerestiere und Seevögel. Die Menschen des Wohnplatzes hatten Uitsataqagitsoq gebeten, den Geisterflug zu Imap Ukua zu machen, weil sie seit langer Zeit kein Jagdglück mehr hatten.
Der Blinde folgte also dem Weg der Toten. Aber dann kam er auf einen anderen Weg, der nach links führte, den schlug er ein. Seine Hilfsgeister begleiteten ihn auf dem langen Weg.
Plötzlich hörte er ein starkes Tosen. Das war das Brausen eines starken Stromes. Drei große Steine dienten als Übergang, die waren aber mit glitschigen Algen und Tang bedeckt. Der Blinde wagte nicht, von einem Stein zum nächsten zu springen, aber seine Hilfsgeister gelangten so über den Strom. Da fasste Uitsataqagitsoq Mut und kam auch glücklich auf die andere Seite.
Schließlich kam er zur Hütte von Imap Ukua. Er sah, dass der Eingang von dem schäumenden Fluss versperrt wurde. Aber er fand eine seichte Stelle, wo er hindurchwaten konnte. Seine Hilfsgeister warnten ihn: „Sobald du die Mutter des Meeres siehst, musst du ihr ins Haar greifen und es um deinen rechten Arm wickeln. Sonst wird sie dich auf den hinteren Teil ihrer Pritsche werfen, um dich in der Dunkelheit zu erdrosseln."
Als sie den Gang zur Hütte betraten, hatte der Fluss brausend seine Richtung geändert und schäumte in die Hütte hinein. Deshalb also konnten die Menschen keine Robben mehr fangen! Der Blinde sprang auf die große Frau zu, griff ihr ins Haar und wickelte es schnell um seinen Arm, da konnte sie ihn nicht auf die Pritsche werfen. Aber sie kämpften lange miteinander, und die Hilfsgeister halfen dem Angakok. Sie klopften Imap Ukua auf die Ohren und sagten: „Sei nur ruhig, sei still, sei still! Er ist gekommen, dich zu waschen, dein Haar zu kämmen und dich zu lausen!"

In ihrem Zorn hörte die Mutter des Meeres nicht zu und kämpfte immer weiter. Aber endlich wurde sie müde. Da erinnerte sie sich an die Worte der Hilfsgeister, wurde ruhig und sagte: „Ah, ich freue mich darüber! Ich lag lange hier und wurde begraben von all dem Schmutz der Menschen. Wasche mich schnell, und kämme mein Haar!"
Sie legte sich auf die gewaltige Pritsche, und Der Blinde begann sie zu kämmen. Das Haar war sehr lang, widerspenstig und verfilzt. Als er fertig war, sammelte er all den Schmutz aus ihrem Haar zusammen und warf ihn fort. Da wurde der Schmutz lebendig! Bären, Füchse und Klappmützen – Großrobben, Sattelrobben und Grönlandrobben – Walrosse und Narwale und alle Arten von Seevögeln erschienen! Alle Tiere wurden durch den Gang der Hütte von dem Fluss hinausgespült, hinauf zum Meer.
Der Blinde stand da und sah zu, wie sie alle aus der Hütte wimmelten. Und zuletzt sah er eine kleine Grönlandrobbe, die war auf einer Seite ihres Kopfes weiß, auf der anderen Seite schwarz. Als sie sich in den Gang bewegte, drehte sie sich um und lachte ihm zu. Da dachte er: „Diese Robbe will ich als erste erlegen, wenn ich wieder mit meinem Kajak auf die Jagd gehe."
Als alle Tiere ihre Herrin verlassen hatten, kämmte Der Blinde wieder ihr Haar und band es zu einem Knoten zusammen. Da dankte sie ihm: „Du hast mir mit deinem Kommen eine große Freude gemacht. Du kamst und dachtest nicht allein ans Essen. Du hast geübt, ein Geisterbeschwörer zu werden. Nun sind die schweren Zeiten vorüber, weil du kamst, mich zu waschen und zu kämmen." So sprach sie, und dann fuhr sie fort: „Wenn du zur Erde zurückkehrst, sollst du den Menschen auf eurem Wohnplatz dieses sagen: Sie sollen den Geboten ihres Glaubens gehorchen und tun, was ihnen bei Geburt und Tod vorgeschrieben ist. Wegen ihrer Gleichgültigkeit musste ich im Schmutz leben. Nun werden sie nachdenken, und ich will ihnen wieder

meine Tiere schenken. Solange du dein Erdenleben lebst, musst du immer wieder zu mir kommen und mich waschen. Und bitte die, die nach dir kommen, dasselbe zu tun. Dann werden die Menschen nicht immer nur in Gedanken an das Essen leben."

Als die große Frau ihre Rede beendet hatte, fragte Der Blinde: „Kannst du mir eine deiner Haarsträhnen schenken?"

Die Mutter des Meeres antwortete: „Wähle dir eine und binde sie fest um deinen Arm!" Da riss Der Blinde ihr eine Haarsträhne aus und wickelte sie um sein Handgelenk, und dann machte er sich auf den Rückweg. Alles war verändert: Ein kleiner Fluss sprudelte munter aus der Hütte zur Erde. Sein Grund war nicht mehr mit großen Steinen bedeckt, sondern glänzte von weißem Sand. Der Angakok reiste schnell und traf viele Meerestiere und Seevögel. Bald kam er zu seiner eigenen Hütte, schloss die Beschwörung ab und sprach zu den Menschen seines Wohnplatzes: „Wenn ich recht gehandelt habe und meine Künste zu eurem Besten übte, dann kommt bald Regen. Ein gewaltiger Südweststurm wird wehen, das Eis zerbrechen und das Meer für die Tiere öffnen."

Er schwieg einen Augenblick, dann fuhr er fort: „Imap Ukua bat mich, euch dies zu sagen: Ihr sollt eure Gedanken nicht nur um die Nahrung kreisen lassen. Ihr sollt die Gebote des Glaubens erfüllen und bei Geburt und Tod die Gebete einhalten. Die Nachlässigkeit der Menschen strömt über die Mutter des Meeres wie Schmutz und macht sie dreckig und zornig."

Wieder schwieg er. Die Menschen lauschten still, als er sagte: „Wenn das Eis aufbricht, werden im offenen Wasser viele Tiere zu uns kommen. Aber während der ersten drei Tage darf jeder nur eine Robbe am Tag fangen!"

Es geschah, wie er es vorausgesagt hatte. Als der Sturm sich gelegt hatte, fuhren alle mit ihrem Kajak hinaus, und sie folgten den Worten des Blinden. Ein Jäger aber war gierig, und er tötete mehrere Robben. Seitdem kann er niemals mehr als ein Tier erlegen, auch wenn die anderen Jäger viele erjagen.

Das erste Tier, das Der Blinde erlegte, war die kleine Robbe, die sich in der Hütte Imap Ukuas umgedreht und ihn angelacht hatte, als sie die Mutter des Meeres verließen. *(s. Anhang S. 72)*

Von Landwesen in Nordfriesland und anderswo

Die Önereersken und König Finns Hochzeit

Habt ihr schon einmal in der Heide auf der Insel Sylt kleine Töpfe und Schalen aus rostiger Erde oder Ton gefunden, so klein wie Puppengeschirr? Das ist das Geschirr der Önereersken, der Unterirdischen. Auch kleine Waffen, Äxte, Messer und Hammer aus Flintstein zeigen noch an, wo sie auf der Heide in Hügeln und Erdlöchern gehaust haben. In alter Zeit war die ganze Insel von diesen Zwergen bewohnt. Aber als die Friesen kamen, mussten die kleinen Leute sich zurückziehen. Es wird erzählt, dass sie rote Mützen und Jacken trugen. Sie pflückten Beeren auf der Heide und sammelten Möweneier in den Dünen. Auch Fische und Vögel wussten sie zu fangen. Aber sie arbeiteten nicht gern. Sie tanzten und sangen lieber beim Mondschein auf ihren Hügeln. Weil die Friesen sie verjagt hatten, trieben sie mit ihnen ihren Schabernack. Wo sie konnten, stahlen sie, melkten die Kühe und tranken die Milch. Sie zapften die Fässer im Keller leer und nahmen Schinken mit. Ja, sie nahmen sogar Menschenkinder mit, die noch nicht getauft waren. Oder sie verwechselten sie heimlich mit ihren kleinen, hässlichen Kindern. Das alles taten sie, weil sie von den Friesen verjagt worden waren. Eigentlich waren sie gutmütig und hilfsbereit.

Der König der Unterirdischen hieß Finn. Eines Tages hörte er, wie ein schönes Friesenmädchen sagte: „Wenn ich es doch so gut hätte wie die Unterirdischen! Sie sind immer lustig, tanzen und singen jeden Abend, und am Tag arbeiten sie nicht mehr, als sie mögen." Das merkte sich König Finn, denn das Mädchen gefiel ihm. Eines Morgens kam das Mädchen an König Finns Hügel vorbei. Da lief er zu ihr hinaus und redete sie an: „Willst du es so gut haben wie die Önereersken, dann bleib bei mir als meine Frau. Dann bist du Königin der Unterirdischen!" Das Mädchen willigte ein, und Finn führte sie in seinen Hügel.

Am folgenden Abend war Hochzeit. Alle Zwerge waren geladen von der ganzen Norderheide und von der ganzen Morsumer Heide. Festlich geschmückt strömten sie froh zum Festplatz auf der Norderheide, jeder mit seiner Brautgabe. Der eine brachte eine Schale mit Beeren, ein anderer ein Näpfchen mit Muscheln, ein dritter ein Töpfchen mit Milch, ein vierter einen Fingerhut voll Honig, ein fünfter eine Mausefalle, ein sechster ein kleines Fischnetz, der siebente einen Besen, der achte einen Haarkamm, der neunte einen hölzernen Löffel, der zehnte einen Schleifstein, der elfte ein Nasentuch, der zwölfte ein Bettlaken, der dreizehnte einen krummen Nagel, der vierzehnte einen Türschlüssel und so fort.

Es wurde gewaltig aufgetischt vor den Gästen. Sie bekamen Heringsmilch und Rogen, geröstete Sandspierlinge, gesalzene Eier, Iltisbraten und Austern, Heide- und Moosbeeren. Dazu gab es Met zu trinken.

Der König Finn saß auf seinem Thron, dem großen Sesselstein. Er hatte einen Mantel von weißen Mäusefellen über den Schultern und auf dem Kopf eine Krone von Edelsteinen, die wie ein Donnerstein oder versteinerter Seeigel geformt waren. Ihm zur Seite saß seine junge Frau, die nun Königin war. Sie hatte ein Kleid an, so fein und durchsichtig wie die Flügel der Wasserlibellen. Auf dem Kopf trug sie einen Kranz der schönsten Heideblumen, voll von Diamanten und anderen glänzenden Steinen. An jedem Finger hatte sie einen goldenen Ring.

Die Unterirdischen schmausten und tranken. Dann tanzten, sangen und sprangen sie die ganze Nacht. In ihrer Freude dichteten sie ein Lied und sangen es vor dem König und der Königin.

    Eine feine Sippschaft, seht!   Isa sitzt;   Wird sie Christin,
    Appel, Dappel, donnre nicht!   Halt sie fest.   ist sie frei.

So hat der König Finn seine Iis oder Isa zur Frau bekommen, und die beiden lebten glücklich miteinander seit der Zeit. *(s. Anhang S. 73)*

Der Mühlstein am seidenen Faden

Da waren ein Knecht und eine Magd, die hatten sich lieb und wollten gern Hochzeit halten. Aber sie waren so arm, dass sie keinen Hausstand hätten gründen können.
Eines Tages arbeiteten die beiden zusammen im Heu. Es war gerade Mittag an einem heißen Sommertag. Die Sonne stach, die Wiese war groß, und sie durften sich keine Ruhepause gönnen, damit alles Heu bis zum Abend gewendet war. Als die Magd wieder einen Haufen Heu mit dem Rechen zusammen harkte und wenden wollte, sprang eine dicke Kröte daraus hervor. Das Mädchen erschrak und schrie, und der Knecht kam gelaufen, um zu sehen, was es gäbe. Als er das hässliche Tier sah, nahm er seine Heugabel und wollte es totstechen, aber das Mädchen rief: „Lass sie leben, sie tut uns ja nichts!" Da freute sich der Knecht über seine gutherzige Braut, aber er wollte sie necken, lief der Kröte nach und rief: „Ich mag aber die Hässlichen nicht leiden!" Das Mädchen eilte hinterher, hielt ihn fest, und so balgten sie sich und bekamen ordentlich rote Köpfe. Die Kröte sprang indessen fort.
Am Abend kehrten sie heim. Da erzählte der Bauer: „Heut Mittag hörten wir eine Stimme, die rief euch beide: ‚Jens und Marieken, kommt Gevatter stehen! Jens und Marieken, kommt Gevatter stehen!' So sehr wir auch suchten, wir haben niemanden gesehen." Der Knecht und die Magd wunderten sich. Wer mochte das sein? Sie kannten niemanden in der Gegend, dem ein Kind geboren worden war oder wo eins erwartet wurde.
Am nächsten Morgen steht Jens in aller Frühe auf. Da sieht er von seinem Bett aus eine Spur von Sägespänen zur Tür führen. Er geht ihr nach, aus der Kammer in den Flur, vom Flur in den Hof, vom Hof weiter über Feld und Acker den Weg zu dem nahen Berg. Als er dort ankommt, hört er aus dem Berg eine Stimme: „Komm zu Mittag hierher und bring auch deine Braut mit. Ihr sollt unser Kind aus der Taufe heben!"

Seltsam, denkt der Knecht, aber als er Marieken alles erzählt hat, sagt sie: „Das ist das Kleine Volk, die Unterirdischen. Wir wollen hingehen und sie kennenlernen." Die beiden ziehen ihre besten Kleider an, gehen den Weg zum Berg, und als die Sonne am höchsten steht, sind sie davor angekommen. Der Berg tut sich auf, und ein kleines Männchen in einem grauen Rock tritt heraus, verbeugt sich vor ihnen und heißt sie willkommen. Der Unterirdische führt sie mit einer Laterne in der Hand durch einen langen dunklen Gang. Am Ende stößt er eine Tür auf, und sie treten in eine große prächtige Halle. Die Wände funkeln von Gold und Edelsteinen, es wimmelt und grimmelt von einer Schar Kleiner Leute. In der Mitte der Halle steht ein kleines Bett, aus feinstem Rosenholz geschnitzt, mit einem blauen Baldachin überdacht. Da liegt die unterirdische kleine Mutter mit ihrem Kind, und das Kleine Volk drängt sich um sie. An den Wänden stehen Tische, gedeckt mit silbernem und goldenem Geschirr. Die Speisen sind angerichtet, ihr Duft erfüllt den ganzen Raum.
Als die Kleinen Leute die Gäste bemerken, nehmen sie gleich das Kind, legen es Jens in die Arme, und er muss nun mit Marieken zusammen das Kind der Unterirdischen über das Becken zur Taufe halten. Und dann setzen sich alle an die Tafel und essen und trinken, scherzen und lachen, sind fröhlich und vergnügt.
Einmal schaut Jens in die Höhe, und da hängt über ihm an einem dünnen seidenen Faden ein schwerer Mühlstein von der Decke herab. Er will aufspringen, aber er kann kein Glied rühren, sitzt festgebannt, den Kopf zur Decke gewandt, muss er den Mühlstein anstarren. Jeden Augenblick kann er herunterfallen und ihn zermalmen!
Nach kurzer Zeit aber tritt das graue Männchen auf ihn zu und sagt: „So wie dir jetzt zumute ist, war mir zumute, als die Heugabel über mir schwebte." Da war der Bann gelöst, und der Knecht konnte sich wieder regen und bewegen. Er bedankte sich und verabschiedete sich mit Marieken von den Kleinen Leuten. Die

freuten sich, dass er ihnen Gevatter gestanden hatte, und sagten zu Marieken: „Halt deine Schürze auf, wir wollen dir etwas mitgeben." Marieken freute sich, aber dann sah sie: Die Unterirdischen füllten Sägespäne in die Schürze. Da dachte sie: „Was soll ich damit anfangen?" Das graue Männchen führte beide aus dem Berg hinaus. Kaum hatten sie sich von ihm verabschiedet, da wollte Marieken die Hobelspäne ausschütten. Jens aber meinte: „Nimm sie mit, du kannst immerhin Feuer damit anschüren."
Unterwegs wurden die Späne schwerer und immer schwerer, da warf Marieken die Hälfte davon weg. Als sie aber auf dem Hof angekommen waren und Marieken die Schürze leerte, da rollten lauter blanke Goldstücke über den Boden! Da lief Jens zurück, um die weggeworfenen Späne aufzusammeln – umsonst, er konnte sie nirgends finden, so sehr er auch suchte. Aber sie hatten genug Gold, um sich einen eigenen Hof zu kaufen. Es dauerte nicht lange, da feierten sie Hochzeit und lebten glücklich miteinander bis an ihr Ende.
(s. Anhang S. 73)

Die Kindbetterin in Husum

Die alte Wartfrau* Lottjen in Husum erzählte gern, was ihre Urgroßmutter einmal mit den Unterirdischen erlebt hat.

Mitten in der Nacht ist ein Önereersken gekommen und hat die Frau flehentlich gebeten mitzukommen und seiner Frau im Kindbett beizustehn. „Ich werde dich nach deiner Hilfeleistung sicher wieder nach Hause geleiten," sagte er. Die Frau stand auf und ging mit. Der Önereerske führte sie zu einem hohlen Baum, durch den stiegen sie über eine lange, enge und dunkle Treppe hinunter. Sie kamen endlich in der Behausung der Önereersken an, wo die kleinen Leute sie erwarteten. Es war die Königin, die Hilfe brauchte, und als das Kind glücklich geboren war, da brachte der Önereerske, der die Frau hinunter geführt hatte, sie in eine Kammer. Da lagen viele Hobelspäne. „Fülle dir in deine Schürze davon, nimm, soviel du willst," sagte der Kleine. Die Frau zögerte zuerst – was sollte sie wohl mit Hobelspänen anfangen. Aber der Kleine ermunterte sie, und da nahm sie endlich eine Schürze voll. Dann wurde sie über die Treppe und durch den hohlen Baum wieder auf die Erde gebracht. Da war es noch Nacht; der Kleine verließ sie, und sie wanderte mit den Hobelspänen in der Schürze weiter nach Hause. Je länger sie ging, umso schwerer wurden sie. Zuletzt konnte sie die Last kaum noch tragen. Zuhause schüttete sie alles in die Ecke beim Herd und ging wieder zu Bett. Am andern Morgen stand sie auf, und was sah sie? Da lag pures Gold und Silber neben dem Herd!

Die alte Wartfrau Lottjen sagte: „In unseren Zeiten kommen die Unterirdischen nicht mehr zu den Menschen. Der König von Dänemark hat im ganzen Reich alle Löcher verstopfen lassen, durch die sie sonst hervorkamen, und er hat Wachen aufgestellt."

* *Kinderwärterin (s. Anhang S. 73)*

Sneewittchen

Es war einmal mitten im Winter, und die Schneeflocken fielen wie Federn vom Himmel herab, da saß eine Königin an einem Fenster, das einen Rahmen von schwarzem Ebenholz hatte, und nähte. Und wie sie so nähte und nach dem Schnee aufblickte, stach sie sich mit der Nadel in den Finger, und es fielen drei Tropfen Blut in den Schnee. Und weil das Rote im weißen Schnee so schön aussah, dachte sie bei sich: „Hätt ich ein Kind, so weiß wie Schnee, so rot wie Blut und so schwarz wie das Holz an dem Rahmen." Bald darauf bekam sie ein Töchterlein, das war so weiß wie Schnee, so rot wie Blut und so schwarzhaarig wie Ebenholz, und ward darum das Sneewittchen (Schneeweißchen) genannt. Und wie das Kind geboren war, starb die Königin.
Über ein Jahr nahm sich der König eine andere Gemahlin. Es war eine schöne Frau, aber sie war stolz und übermütig und konnte nicht leiden, dass sie an Schönheit von jemand sollte übertroffen werden. Sie hatte einen wunderbaren Spiegel, wenn sie vor den trat und sich darin beschaute, sprach sie:

    „Spieglein, Spieglein an der Wand,
    wer ist die Schönste im ganzen Land?"

So antwortete der Spiegel:

    „Frau Königin, Ihr seid die Schönste im ganzen Land."

Da war sie zufrieden, denn sie wusste, dass der Spiegel die Wahrheit sagte.
Sneewittchen aber wuchs heran und wurde immer schöner, und als es sieben Jahr alt war, war es so schön wie der klare Tag und schöner als die Königin selbst. Als diese einmal ihren Spiegel fragte:

    „Spieglein, Spieglein an der Wand,
    wer ist die Schönste im ganzen Land?"

so antwortete er:

    „Frau Königin, Ihr seid die Schönste hier,
    aber Sneewittchen ist tausendmal schöner als Ihr."

Da erschrak die Königin und wurde gelb und grün vor Neid. Von Stund an, wenn sie Sneewittchen erblickte, kehrte sich ihr das Herz im Leibe herum, so hasste sie das Mädchen. Und der Neid und Hochmut wuchsen wie ein Unkraut in ihrem Herzen immer höher, dass sie Tag und Nacht keine Ruhe mehr hatte. Da rief sie einen Jäger und sprach: „Bring das Kind hinaus in den Wald, ich will's nicht mehr vor meinen Augen sehen. Du sollst es töten und mir Lunge und Leber zum Wahrzeichen mitbringen." Der Jäger gehorchte und führte es hinaus, und als er den Hirschfänger gezogen hatte und Sneewittchens unschuldiges Herz durchbohren wollte, fing es an zu weinen und sprach: „Ach, lieber Jäger, lass mir mein Leben; ich will in den wilden Wald laufen und nimmermehr wieder heimkommen." Und weil es so schön war, hatte der Jäger Mitleiden und sprach: „So lauf hin, du armes Kind." „Die wilden Tiere werden dich bald gefressen haben," dachte er, und doch war's ihm, als wär ein Stein von seinem Herzen gewälzt, weil er es nicht zu töten brauchte. Und als gerade ein junger Frischling dahergesprungen kam, stach er ihn ab, nahm Lunge und Leber heraus und brachte sie als Wahrzeichen der Königin mit. Der Koch musste sie in Salz kochen, und das boshafte Weib aß sie auf und meinte, sie hätte Sneewittchens Lunge und Leber gegessen.
Nun war das arme Kind in dem großen Wald mutterseelig allein, und ward ihm so angst, dass es alle Blätter an den Bäumen ansah und nicht wusste, wie es sich helfen sollte. Da fing es an zu laufen und lief über die spitzen Steine und durch die Dornen, und die wilden Tiere sprangen an ihm vorbei, aber sie taten ihm nichts. Es lief, solange nur die Füße noch fort konnten, bis es bald Abend werden wollte, da sah es ein kleines Häuschen und ging hinein, sich zu ruhen. In dem Häuschen war alles klein, aber so zierlich und reinlich, dass es nicht zu sagen war. Da stand ein weiß gedecktes Tischlein mit sieben kleinen Tellern, jedes Tellerlein mit seinem Löffelein, ferner sieben Messerlein und Gäblein und sieben Becherlein. An der Wand waren sieben Bettlein nebeneinander aufgestellt und schneeweiße Laken darüber gedeckt. Sneewittchen, weil es so hungrig und durstig war, aß von jedem Tellerlein ein wenig Gemüs und Brot und trank aus jedem Becherlein einen Tropfen Wein; denn es wollte nicht einem allein alles wegnehmen. Hernach, weil es so müde war, legte es sich in ein Bettchen, aber keins passte; das eine war zu lang, das andere zu kurz, bis endlich das siebente recht war: und darin blieb es liegen, befahl sich Gott und schlief ein.

Als es ganz dunkel geworden war, kamen die Herren von dem Häuslein, das waren die sieben Zwerge, die in den Bergen nach Erz hackten und gruben. Sie zündeten ihre sieben Lichtlein an, und wie es nun hell im Häuslein ward, sahen sie, dass jemand darin gewesen war, denn es stand nicht alles so in der Ordnung, wie sie es verlassen hatten. Der erste sprach: „Wer hat auf meinem Stühlchen gesessen?" Der zweite: „Wer hat von meinem Tellerchen gegessen?" Der dritte: „Wer hat von meinem Brötchen genommen?" Der vierte: „Wer hat von meinem Gemüschen gegessen?" Der fünfte: „Wer hat mit meinem Gäbelchen gestochen?" Der sechste: „Wer hat mit meinem Messerchen geschnitten?" Der siebente: „Wer hat aus meinem Becherlein getrunken?" Dann sah sich der erste um und sah, dass auf seinem Bett eine kleine Delle war, da sprach er: „Wer hat in mein Bettchen getreten?" Die andren kamen gelaufen und riefen: „In meinem hat auch jemand gelegen." Der siebente aber, als er in sein Bett sah, erblickte Sneewittchen, das lag darin und schlief. Nun rief er die anderen, die kamen herbeigelaufen und schrien vor Verwunderung, holten ihre sieben Lichtlein und beleuchteten Sneewittchen. „Ei, du mein Gott! Ei, du mein Gott!" riefen sie. „Was ist das Kind so schön!" Und hatten so große Freude, dass sie es nicht aufweckten, sondern im Bettlein fortschlafen ließen. Der siebente Zwerg aber schlief bei seinen Gesellen, bei jedem eine Stunde, da war die Nacht herum.

Als es Morgen war, erwachte Sneewittchen, und wie es die sieben Zwerge sah, erschrak es. Sie waren aber freundlich und fragten: „Wie heißt du?" „Ich heiße Sneewittchen", antwortete es. „Wie bist du in unser Haus gekommen?" sprachen weiter die Zwerge. Da erzählte es ihnen, dass seine Stiefmutter es hätte wollen umbringen lassen, der Jäger hätte ihm aber das Leben geschenkt, und da wär es gelaufen den ganzen Tag, bis es endlich das Häuslein gefunden hätte. Die Zwerge sprachen: „Willst du unsern Haushalt versehen, kochen, betten, waschen, nähen und stricken, und willst du alles ordentlich und reinlich halten, so kannst du bei uns bleiben, und es soll dir an nichts fehlen." „Ja," sagte Sneewittchen, „von Herzen gern," und blieb bei ihnen. Es hielt ihnen das Haus in Ordnung; morgens gingen sie in die Berge und suchten Erz und Gold, abends kamen sie wieder, und da musste ihr Essen bereit sein. Den Tag über war das Mädchen allein, da warnten es die guten Zwerglein und sprachen: „Hüte dich vor deiner Stiefmutter, die wird bald wissen, dass du hier bist; lass ja niemand herein."

Die Königin aber, nachdem sie Sneewittchens Lunge und Leber glaubte gegessen zu haben, dachte nicht anders, als sie wäre wieder die erste und allerschönste, trat vor ihren Spiegel und sprach:

    „Spieglein, Spieglein an der Wand,
    wer ist die Schönste im ganzen Land?"

Da antwortete der Spiegel:

    „Frau Königin, Ihr seid die Schönste hier,
    aber Sneewittchen über den Bergen
    bei den sieben Zwergen
    ist noch tausendmal schöner als Ihr."

Da erschrak sie, denn sie wusste, dass der Spiegel keine Unwahrheit sprach, und merkte, dass der Jäger sie betrogen hatte und Sneewittchen noch am Leben war. Und da sann und sann sie aufs Neue, wie sie es umbringen wollte; denn solange sie nicht die Schönste war im ganzen Land, ließ ihr der Neid keine Ruhe. Und als sie sich endlich etwas ausgedacht hatte, färbte sie sich das Gesicht und kleidete sich wie eine alte Krämerin und war ganz unkenntlich. In dieser Gestalt ging sie über die sieben Berge zu den sieben Zwergen, klopfte an die Türe und rief: „Schöne Ware feil!" Sneewittchen guckte zum Fenster heraus und rief: „Guten Tag, liebe Frau, was habt Ihr zu verkaufen?" „Gute Ware, schöne Ware," antwortete sie, „Schnürriemen von allen Farben" und holte einen hervor, der aus bunter Seide geflochten war. „Die ehrliche Frau kann ich hereinlassen," dachte Sneewittchen, riegelte die Türe auf und kaufte sich den schönen Schnürriemen. „Kind," sprach die Alte, „wie du aussiehst! Komm, ich will dich einmal ordentlich schnüren." Sneewittchen hatte kein Arg, stellte sich vor sie und ließ sich mit dem neuen Schnürriemen schnüren; aber die Alte schnürte geschwind und schnürte so fest, dass dem Sneewittchen der Atem verging und es für tot hinfiel. „Nun bist du die Schönste gewesen," sprach sie und eilte hinaus.

Nicht lange darauf, zur Abendzeit, kamen die sieben Zwerge nach Haus, aber wie erschraken sie, als sie ihr liebes Sneewittchen auf der Erde liegen sahen; und es regte und bewegte sich nicht, als wäre es tot. Sie hoben es in die Höhe, und weil sie sahen, dass es zu fest geschnürt war, schnitten sie den Schnürriemen entzwei: Da fing es an, ein wenig zu atmen, und ward nach und nach wieder lebendig. Als die Zwerge hörten, was geschehen war, sprachen sie: „Die alte Krämersfrau war niemand als die gottlose Königin: Hüte dich und lass keinen Menschen herein, wenn wir nicht bei dir sind."

Das böse Weib aber, als es nach Hause gekommen war, ging vor den Spiegel und fragte:

> „Spieglein, Spieglein an der Wand,
> wer ist die Schönste im ganzen Land?"

Da antwortete er wie sonst:

> „Frau Königin, Ihr seid die Schönste hier,
> aber Sneewittchen über den Bergen
> bei den sieben Zwergen
> ist noch tausendmal schöner als Ihr."

Als sie das hörte, lief ihr alles Blut zum Herzen, so erschrak sie, denn sie sah wohl, dass Sneewittchen wieder lebendig geworden war. „Nun aber," sprach sie, „will ich etwas aussinnen, das dich zugrunde richten soll," und mit Hexenkünsten, die sie verstand, machte sie einen giftigen Kamm. Dann verkleidete sie sich und nahm die Gestalt eines anderen alten Weibes an. So ging sie hin über die sieben Berge zu den sieben Zwergen, klopfte an die Tür und rief: „Gute Ware feil! feil!" Sneewittchen schaute heraus und sprach: „Geht nur weiter, ich darf niemanden hereinlassen." „Das Ansehen wird dir doch erlaubt sein," sprach die Alte, zog den giftigen Kamm heraus und hielt ihn in die Höhe. Da gefiel er dem Kinde so gut, dass es sich betören ließ und die Türe öffnete. Als sie des Kaufs einig waren, sprach die Alte: „Nun will ich dich einmal ordentlich käm-

men." Das arme Sneewittchen dachte an nichts und ließ die Alte gewähren, aber kaum hatte sie den Kamm in die Haare gesteckt, als das Gift darin wirkte und das Mädchen ohne Besinnung niederfiel. „Du Ausbund von Schönheit," sprach das boshafte Weib, „jetzt ist's um dich geschehen" und ging fort. Zum Glück aber war es bald Abend, wo die sieben Zwerglein nach Haus kamen. Als sie Sneewittchen wie tot auf der Erde liegen sahen, hatten sie gleich die Stiefmutter in Verdacht, suchten nach und fanden den giftigen Kamm, und kaum hatten sie ihn herausgezogen, so kam Sneewittchen wieder zu sich und erzählte, was vorgegangen war. Da warnten sie es noch einmal, auf seiner Hut zu sein und niemand die Türe zu öffnen.
Die Königin stellte sich daheim vor den Spiegel und sprach:
    „Spieglein, Spieglein an der Wand,
    wer ist die Schönste im ganzen Land?"
Da antwortete er wie vorher:
    „Frau Königin, Ihr seid die Schönste hier,
    aber Sneewittchen über den Bergen
    bei den sieben Zwergen
    ist noch tausendmal schöner als Ihr."
Als sie den Spiegel so reden hörte, zitterte und bebte sie vor Zorn. „Sneewittchen soll sterben," rief sie, „und wenn es mein eigenes Leben kostet." Darauf ging sie in eine ganz verborgene einsame Kammer, wo niemand hinkam, und machte da einen giftigen, giftigen Apfel. Äußerlich sah er schön aus, weiß mit roten Backen, dass jeder, der ihn erblickte, Lust danach bekam, aber wer ein Stückchen davon aß, der musste sterben. Als der Apfel fertig war, färbte sie sich das Gesicht und verkleidete sich in eine Bauersfrau, und so ging sie über die sieben Berge zu den sieben Zwergen. Sie klopfte an, Sneewittchen streckte den Kopf zum Fenster heraus und sprach: „Ich darf keinen Menschen einlassen, die sieben Zwerge haben mir's verboten." „Mir auch

recht," antwortete die Bäuerin, „meine Äpfel will ich schon loswerden. Da, einen will ich dir schenken." „Nein," sprach Sneewittchen, „ich darf nichts annehmen." „Fürchtest du dich vor Gift?" sprach die Alte. „Siehst du, da schneide ich den Apfel in zwei Teile; den roten Backen isst du, den weißen will ich essen." Der Apfel war aber so künstlich gemacht, dass der rote Backen allein vergiftet war. Sneewittchen lusterte den schönen Apfel an, und als es sah, dass die Bäuerin davon aß, so konnte es nicht länger widerstehen, streckte die Hand aus und nahm die giftige Hälfte. Kaum aber hatte es einen Bissen davon im Mund, so fiel es tot zur Erde nieder. Da betrachtete es die Königin mit grausigen Blicken und lachte überlaut und sprach: „Weiß wie Schnee, rot wie Blut, schwarz wie Ebenholz! Diesmal können dich die Zwerge nicht wieder erwecken." Und als sie daheim den Spiegel befragte:

    „Spieglein, Spieglein an der Wand,
    wer ist die Schönste im ganzen Land?"

so antwortete er endlich:

    „Frau Königin, Ihr seid die Schönste im Land."

Da hatte ihr neidisches Herz Ruhe, so gut ein neidisches Herz Ruhe haben kann.

Die Zwerglein, wie sie abends nach Haus kamen, fanden Sneewittchen auf der Erde liegen, und es ging kein Atem mehr aus seinem Mund, und es war tot. Sie hoben es auf, suchten, ob sie was Giftiges fänden, schnürten es auf, kämmten ihm die Haare, wuschen es mit Wasser und Wein, aber es half alles nichts; das liebe Kind war tot und blieb tot. Sie legten es auf eine Bahre, und setzten sich die siebene daran und beweinten es, und weinten drei Tage lang. Da wollten sie es begraben, aber es sah noch so frisch aus wie ein lebender Mensch und hatte noch seine schönen roten Backen. Sie sprachen: „Das können wir nicht in die schwarze Erde versenken," und ließen einen durchsichtigen Sarg von Glas machen, dass man es von allen Seiten sehen konnte, legten es hinein und schrieben mit goldenen Buchstaben seinen Namen darauf, und dass es eine Königstochter wäre. Dann setzten sie den Sarg hinaus auf den Berg, und einer von ihnen blieb immer dabei und bewachte ihn. Und die Tiere kamen auch und beweinten Sneewittchen, erst eine Eule, dann ein Rabe, zuletzt ein Täubchen.

Nun lag Sneewittchen lange, lange Zeit in dem Sarg und verweste nicht, sondern sah aus, als wenn es schliefe, denn es war noch so weiß als Schnee, so rot als Blut und so schwarzhaarig wie Ebenholz. Es geschah aber, dass ein Königssohn in den Wald geriet und zu dem Zwergenhaus kam, da zu übernachten. Er sah auf dem Berg den Sarg und das schöne Sneewittchen darin und las, was mit goldenen Buchstaben darauf geschrieben war. Da sprach er zu den Zwergen: „Lasst mir den Sarg, ich will euch geben, was ihr dafür haben wollt." Aber die Zwerge antworteten: „Wir geben ihn nicht um alles Gold in der Welt." Da sprach er: „So schenkt mir ihn, denn ich kann nicht leben, ohne Sneewittchen zu sehen, ich will es ehren und hoch achten wie mein Liebstes." Wie er so sprach, empfanden die guten Zwerglein Mitleiden mit ihm und gaben ihm den Sarg. Der Königssohn ließ ihn nun von seinen Dienern auf den Schultern forttragen. Da geschah es, dass sie über einen Strauch stolperten, und von dem Schüttern fuhr der giftige Apfelgrütz, den Sneewittchen abgebissen hatte, aus dem Hals. Und nicht lange, so öffnete es die Augen, hob den Deckel vom Sarg in die Höhe und richtete sich auf und war wieder lebendig. „Ach Gott, wo bin ich?" rief es. Der Königssohn sagte voll Freude: „Du bist bei mir," und erzählte, was sich zugetragen hatte, und sprach: „Ich habe dich lieber als alles auf der Welt; komm mit mir in meines Vaters Schloss, du sollst meine Gemahlin werden." Da war ihm Sneewittchen gut und ging mit ihm, und ihre Hochzeit ward mit großer Pracht und Herrlichkeit angeordnet.

Zu dem Fest wurde aber auch Sneewittchens gottlose Stiefmutter eingeladen. Wie sie sich nun mit schönen Kleidern angetan hatte, trat sie vor den Spiegel und sprach:

> „Spieglein, Spieglein an der Wand,
> wer ist die Schönste im ganzen Land?"

Der Spiegel antwortete:

> Frau Königin, Ihr seid die Schönste hier,
> aber die junge Königin ist tausendmal schöner als Ihr."

Da stieß das böse Weib einen Fluch aus, und ward ihr so angst, so angst, dass sie sich nicht zu lassen wusste. Sie wollte zuerst gar nicht auf die Hochzeit kommen; doch ließ es ihr keine Ruhe, sie musste fort und die junge Königin sehen. Und wie sie hineintrat, erkannte sie Sneewittchen, und vor Angst und Schrecken stand sie da und konnte sich nicht regen. Aber es waren schon eiserne Pantoffeln über Kohlenfeuer gestellt und wurden mit Zangen hereingetragen und vor sie hingestellt. Da musste sie in die rotglühenden Schuhe treten und so lange tanzen, bis sie tot zur Erde fiel. *(s. Anhang S. 73)*

Das Schwert in den Tribergen

Es lebte ein Bauer in Utersum bei den Tribergen. Jede Nacht wurde ihm eine Garbe von seinem Stroh gestohlen, das er vor dem Dorf in einem Diemen stehen hatte. Um den Dieben auf die Spur zu kommen, sollten die Söhne des Bauern nacheinander des Nachts bei dem Diemen Wache halten. Die beiden ältesten Söhne hielten sich für klug und gescheit und dachten: „Wir werden die Diebe sicher fassen. Aber dem jüngsten Bruder wird das nicht gelingen."
Zuerst sollte der Älteste Wache halten. Er ging abends zum Strohdiemen, setzte sich daneben und wartete. Aber er wurde schläfrig und schlief ein. Um Mitternacht kamen die Unterirdischen, die in den Hügeln der Tribergen hausten, und holten eine Garbe Stroh. Und als der Älteste endlich erwachte, war das Stroh fort, und er hatte nichts gesehen. Am Morgen kam er heim, und der Zweitälteste lachte ihn aus und dachte: „Ich werd's schon besser machen." Aber es erging ihm gerade so wie seinem Bruder; auch er schlief ein und merkte nichts.
Jetzt war der dritte Sohn an der Reihe. Die beiden Ältesten lachten über ihn: „Wie willst du die Diebe fassen, wenn wir es nicht können!" Er ließ sie lachen und ging des Abends ruhig zum Strohdiemen. Dort nahm er sich eine Garbe, lockerte das Band ein wenig und kroch in die Garbe hinein. Dann wälzte er sich mit der Garbe gerade so in den Weg, dass die Diebe unbedingt diese Garbe nehmen mussten. So wartete er. Um Mitternacht hörte er schlürfende Schritte, die Zwerge kamen, um Stroh zu stehlen. Und richtig, sie schleppten die Garbe mit dem Jüngsten fort und brachten sie in den Berg hinein. Dann schlürften sie wieder fort, um mehr zu holen. Kaum aber war es still, da kroch der Jüngste aus dem Strohbund heraus und sah sich in der Höhle um. Da stand ein Bett mit einer alten, hässlichen Frau, an der Wand hing ein grünes Schwert, und auf dem Tisch stand ein Glas mit einem Getränk, dabei lag ein geöffnetes Buch. Der Junge las, was da

in großen Buchstaben geschrieben stand: „Wer fünf Tropfen nimmt, der kann das Schwert heben. Wer zehn nimmt, der kann damit schlagen. Wer fünfzehn nimmt, der kann jedermann damit erschlagen." Da gießt der Junge sich fünfzehn Tropfen in die Hand und trinkt sie. Zuerst strömt eine seltsame Kraft durch seinen Körper, dann nimmt er das Schwert von der Wand, tritt an das Bett und erschlägt die hässliche Alte. Und da kommen auch schon die gierigen Zwerge mit dem Stroh. Aber jeder, der in den Berg tritt, wird mit dem Schwert erschlagen.
Nun geht der Jüngste durch alle Räume des Hügels und besieht sich die Schätze der Zwerge. Und als er in den Keller hinabsteigt, findet er zehn feurige schwarze Pferde mit prächtigem Geschirr aus Gold. Die Rappen stampfen auf den Boden und wiehern. Der Junge führt sie aus dem Hügel heraus und bringt sie nach Hause. Seine Brüder wunderten sich über seine Tüchtigkeit und neideten ihm seine Beute.
Bald darauf fand in Nieblum ein großes Ringreiten statt, zu welchem der König die besten Reiter einlud. Der Sieger des Ringreitens sollte einen stattlichen Hof bekommen. Die beiden älteren Brüder glaubten, den Preis zu bekommen und ärgerten sich, dass auch der Jüngste mitreiten wollte. Als nun das Ringreiten begann, hatte niemand ein so schönes Pferd wie der Jüngste, und keiner konnte so gut reiten wie er und mit der Lanze den Ring stechen. Also erhielt er den Hof, zog mit den Pferden der Zwerge dorthin, und es ging ihm gut bis an sein Ende. *(s. Anhang S. 73)*

Puk

Auf einem Bauernhof in Dithmarschen ging es eines Tages sonderbar zu. Im Stroh begann es zu rascheln, waren das Mäuse? Nein, da sang und flötete jemand! Aber nichts und niemand waren zu sehen. „Na, es wird ein Puk sein", sagte die Magd, und eines Abends stellte sie eine Schale Milch auf und legte ein Stück Brot auf den Heuboden. Und was geschah? Am nächsten Morgen war die Schale leer, und das Brot war verschwunden. Und denkt euch, der Stall war ausgemistet, und die Kühe hatten frisches Futter in den Raufen.

Nun hatten es die Menschen gut auf dem Hof. Die Magd stellte auch jeden Abend das Essen für den Hauskobold hin. Und er bewahrte sie vor allem Ungemach: Keine Kuh verkalbte, die Pferde blieben gesund. Es war sauber und ordentlich auf dem Hof, und der Kobold tat für das Gesinde manche Arbeit. Aber niemals ließ er sich blicken.

Einmal, zur Erntezeit, zog der Bauer mit all seinen Leuten hinaus auf das Feld. Auch die Kinder waren dabei, der Hof war menschenleer. Ein Knecht kehrte schon zurück, bevor noch alle Arbeit getan war. Da hörte er, wie der Hofhund jaulte und bellte, und als er ins Tor trat, sah er oben im Giebelloch des Hauses ein kleines Kerlchen in rotem Wams und gelber Hose. Es wiegte sich von einem Bein auf das andere, schnitt lustige Grimassen und sang mit feiner, durchdringender Stimme:

„Roter Schopf!	Zunge schleckt,	Dummer Hund
Kluger Kopf!	was gut schmeckt!	bellt sich wund –
Augen rund!	Flinke Hand	kriegt ihn nicht,
Breiter Mund!	baut das Land!	diesen Wicht!
Spitzer Zahn	Bin geschwind	Puk, Puk, Puk
beißen kann!	wie der Wind!	ist zu klug!"

Da schlich der Knecht sich leise, leise auf den Boden hinauf, bis hinter das Kerlchen und gab ihm von hinten einen Stoß, und plumps, fiel er zur Bodenluke hinaus. Gerade da kamen die Leute vom Feld zum Hoftor hinein, und der Knecht rief ihnen zu: „Da ist der Wicht! Haltet ihn!" Die Leute sprangen hin, aber wo der Puk hingefallen war, lag nur ein Haufen Scherben – er selbst war in einem Schlupfloch verschwunden.
Eines Abends hatte der Knecht, der den Puk hinuntergestoßen hatte, sich einen Rausch angetrunken. Schnarchend lag er in einer Ecke des Hofes. Da schlich der Puk heran, schleppte ihn, so schwer er auch war, zum Brunnen und wollte ihn hineinwerfen. Aber dann besann er sich und setzte ihn so auf den Brunnenrand, dass nur seine langen Beine in den Brunnenschacht hingen. Am Morgen wachte der Knecht auf und bekam einen gewaltigen Schrecken. Er ahnte, dass der Puk ihn verschont hatte. Und seit der Zeit hielten die Leute Frieden mit dem Hauskobold, und der half ihnen weiter bei der Arbeit.
Einmal waren die Hofleute alle zum Feuerlöschen in der Nachbarschaft, nur die Kinder waren im Haus. Die Hintertür war nicht abgeschlossen, und das Kleinste lief hinaus, sammelte Steine und warf sie in den Brunnen. Blub, blub machte es, und Klein-Hinnerk wollte sehen, wie es im Wasser gluckerte, und beugte sich immer weiter über den Brunnenrand. Da ist auf einmal der Puk da gewesen und hat ihn am Kittel gefasst und zurückgezogen. Dann hat er alle Kinder zum Spielen in den Obstgarten geführt und hat Bretter geholt und den Brunnen damit zugedeckt. Ihr könnt euch denken, wie froh Bauer und Bäuerin waren, als sie heimkamen. Gleich hat der Bauer einen festen Deckel für den Brunnen gezimmert und dafür gesorgt, dass der Puk jeden Tag sein Essen und sein Schälchen voll Milch bekam. *(s. Anhang S. 74)*

Nis Puk in Hattstedt

Es lebte einmal ein armer Bauer in Hattstedt. Sein Haus war hinfällig und drohte ihm über dem Kopf zusammenzufallen. Da halfen ihm gute Freunde, ein neues zu bauen. Die brauchbaren Holzstücke aus dem alten Gebäude fügten sie in das neue ein. Darunter war ein Ständer aus Eichenholz, oben war ein Loch von einem Strebebalken. Als der Bauer diese Vertiefung sah, wusste er gleich, wozu sie nützlich sein könnte. „Sie ist eine gute Wohnung für Nis Puk," dachte er. Und als das Haus fertig war, nagelte er ein Brett vor das Loch, und darauf stellte er eine Schale mit Grütze und reichlich Butter und rief: „Nun komt man, leewe Niskepuks!" Da kamen sie, sahen sich die Behausung an und tanzten durch das Loch. Einer von drei Zoll Höhe blieb in der Höhle, und nun sorgte der Bauer dafür, dass immer Grütze in der Schale war, mit reichlich Butter darin. Von der Zeit an waren seine Pferde jeden Morgen gestriegelt, der Kuhstall gereinigt, die Diele gefegt, das Stroh zum Dreschen hingelegt. Das Vieh gedieh, die Kühe gaben reichlich Milch. Die Schafe warfen drei oder vier Lämmer auf einmal. So wurde er ein wohlhabender Mann und konnte bald einen Knecht einstellen.
Hans, der Knecht, war gut Freund mit Nis Puk. Hans hatte im Nachbardorf eine Braut, und wenn er abends ausging, passte Nis auf die Stalltür auf. Öffnete sie ein Fremder, so bekam er einen Schlag mit dem Knüppel. Für Hans aber öffnete sich die Tür wie von selbst. Und kam Hans einmal erst morgens nach Haus oder verschlief sich, dann hatte der Puk die Früharbeit schon getan. Als Hans seine Botel heiratete und fortzog, kam ein neuer Knecht, der hielt nichts von Nis und neckte ihn oft. Da zog der Kleine nach des Bauern Tod zu Hans auf den Hof. Dort hatte er es gut. *(s. Anhang S. 74)*

Die Wichtelmänner

Es war einmal ein Schuster ohne seine Schuld so arm geworden, dass ihm endlich nichts mehr übrig blieb als Leder zu einem einzigen Paar Schuhe. Nun schnitt er am Abend die Schuhe zu, die wollte er den nächsten Morgen in Arbeit nehmen; und weil er ein gutes Gewissen hatte, so legte er sich ruhig zu Bett, befahl sich dem lieben Gott und schlief ein. Morgens, nachdem er sein Gebet verrichtet hatte und sich zur Arbeit niedersetzen wollte, standen die beiden Schuhe ganz fertig auf dem Tisch. Er verwunderte sich und wusste nicht, was er dazu sagen solle. Er nahm die Schuhe in die Hand, um sie näher zu betrachten: Sie waren so sauber gearbeitet, dass kein Stich daran falsch war, gerade als wenn es ein Meisterstück sein sollte. Bald darauf trat auch schon ein Käufer ein, und weil ihm die Schuhe so gut gefielen, bezahlte er mehr als gewöhnlich dafür, und der Schuster konnte von dem Geld Leder zu zwei Paar Schuhen erhandeln. Er schnitt sie abends zu und wollte den nächsten Morgen mit frischem Mut an die Arbeit gehen, aber er brauchte es nicht, denn als er aufstand, waren sie schon fertig, und es blieben auch nicht die Käufer aus, die ihm so viel Geld gaben, dass er Leder zu vier Paar Schuhen einkaufen konnte. Er fand frühmorgens auch die vier Paar fertig; und so ging`s immerfort, was er abends zuschnitt, das war am Morgen verarbeitet, also dass er bald wieder sein ehrliches Auskommen hatte und endlich ein wohlhabender Mann ward.
Nun geschah es eines Abends nicht lange vor Weihnachten, als der Mann wieder zugeschnitten hatte, dass er vor dem Schlafengehen zu seiner Frau sprach: „Wie wär`s, wenn wir diese Nacht aufblieben, um zu sehen, wer uns solche hilfreiche Hand leistet?" Die Frau war`s zufrieden und steckte ein Licht an; darauf verbargen sie sich in den Stubenecken, hinter den Kleidern, die da aufgehängt waren, und gaben acht. Als es Mitternacht war, da kamen zwei kleine, niedliche nackte Männlein, setzten sich vor des Schusters Tisch, nahmen alle zugeschnittene Arbeit zu sich und fingen an, mit ihren Fingerlein so behend und flink zu stechen, zu

nähen, zu klopfen, dass der Schuster vor Verwunderung die Augen nicht abwenden konnte. Sie ließen nicht nach, bis alles zu Ende gebracht war und fertig auf dem Tische stand, dann sprangen sie schnell fort.

Am andern Morgen sprach die Frau: „Die kleinen Männer haben uns reich gemacht, wir müssten uns doch dankbar dafür bezeigen. Sie laufen so herum, haben nichts am Leib und müssen frieren. Weißt du was? Ich will Hemdlein, Rock, Wams und Höslein für sie nähen, auch jedem ein Paar Strümpfe stricken; mach du jedem ein Paar Schühlein dazu." Der Mann sprach: „Das bin ich wohl zufrieden," und abends, wie sie alles fertig hatten, legten sie die Geschenke statt der zugeschnittenen Arbeit zusammen auf den Tisch und versteckten sich dann, um mit anzusehen, wie sich die Männlein dazu anstellen würden. Um Mitternacht kamen sie herangesprungen und wollten sich gleich an die Arbeit machen, als sie aber kein zugeschnittenes Leder, sondern die niedlichen Kleidungsstücke fanden, verwunderten sie sich erst, dann aber bezeigten sie eine gewaltige Freude. Mit der größten Geschwindigkeit zogen sie sich an, strichen die schönen Kleider am Leib und sangen:

„Sind wir nicht Knaben glatt und fein?
Was sollen wir länger Schuster sein!"

Dann hüpften und tanzten sie und sprangen über Stühle und Bänke. Endlich tanzten sie zur Tür hinaus. Von nun an kamen sie nicht wieder, dem Schuster aber ging es wohl, solang er lebte, und es glückte ihm alles, was er unternahm. *(s. Anhang S. 74)*

Der Kobold und die Ameise

Der Fuchs ist einmal von einem Spaziergang heimgekommen. Er will grad in seine Höhle schlüpfen, da sieht er: Ein Kobold sitzt darin und will ihn nicht hineinlassen. Da ist der Fuchs zum großen Bären gegangen und hat gejammert: „Ach, lieber Herr Bär, in meiner Höhle sitzt ein Kobold, der lässt mich nicht hinein. Hilf mir doch, ihn zu vertreiben." Der große Bär tröstet den Fuchs und geht mit ihm zur Fuchshöhle - tap - tap - tap. Kaum kommen sie in die Nähe, da hören sie auch schon den Kobold rufen: „Macht, dass ihr fortkommt, sonst fresse ich euch mit Haut und Haar!" Da ist der Bär wieder heimgegangen – tap, tap, tap, tap.

Und nun geht der Fuchs zum Wolf. Der kluge Wolf will dem Fuchs auch helfen und schlendert los. Als sie zum Fuchsloch kommen, schreit der Kobold wieder: „Schert euch fort, oder ich fresse euch auf!" Und da ist auch der Wolf davongelaufen.

Zu guter Letzt hat doch noch ein Tier dem Fuchs geholfen – ein ganz kleines, eine Ameise. Die ist leise, ganz leise, ohne dass es der Kobold bemerkt hat, zum Fuchsloch hineingeschlüpft und hat angefangen, den Kobold zu zwicken und zu zwacken, da konnte er gar nicht mehr stille sitzen. Am Schluss hat er es nicht mehr ausgehalten, ist aufgesprungen und auf- und davongelaufen. Jetzt ist der Fuchs wieder in seine Höhle eingezogen. *(s. Anhang S. 74)*

Die Katze vom Dovreberg

Es war einmal ein Mann, ein Mann aus Finnmark. Er hatte einen großen weißen Bären gefangen, da dachte er: „Diesen Bären will ich dem König bringen," und er machte sich auf den Weg, wanderte und wanderte, weite Wege.

Gerade am Julabend kam er zum Dovrefjeld. Da sah er in einer Hütte noch Licht. Die Hütte gehörte Halvor. Der Mann klopfte an und bat um ein Nachtlager für sich und seinen weißen Bären. Halvor wehrte ab: „Wie soll ich euch heute Unterkunft geben? Am Julabend kommen immer die Trolle hierher, da muss auch ich mit meiner Familie ausziehen, in den Wald, und ich habe selber kein Dach über dem Kopf."

„Oh, du kannst mich ruhig beherbergen," sagte der Finnmärker, „Mein Bär kann unter dem Ofen schlafen, und ich werde im Alkoven liegen." Er bat so lange, bis Halvor nachgab und ihn einließ.

Halvor zog mit seiner Familie in den Wald. Für die Trolle hatten sie den Tisch gedeckt wie für einen Festschmaus. Da standen Julgrütze, saurer Rahm dazu, Stockfisch und Wurst, und was sonst zu einem herrlichen Gastschmaus gehört.

Bald darauf kamen die Trolle. Einige waren groß und andere klein, einige langgeschwänzt, andere ohne Schwanz, und einige hatten ungeheuer lange Nasen. Sie aßen und tranken und waren guter Dinge.

Da entdeckte eines der Trollkinder den Bären unter dem Ofen. Es nahm ein Stück Wurst, steckte es auf einen Spieß und briet es über dem Feuer. Dann ging es zum Bären, hielt es ihm vor die Nase und rief: „Katze, willst du Wurst haben?" Da fuhr der Bär brummend hoch, und er jagte alle Trolle hinaus, die großen und die kleinen. So konnten der Finnmärker und sein weißer Bär sich satt essen. Und dann zogen sie weiter.

Ein Jahr verging, da ging Halvor am Tag vor dem Julabend in den Wald, um Holz heranzuschaffen. Er erwartete wieder die Trolle. Da hörte er es plötzlich im Wald rufen: „Halvor! Halvor!"

„Ja, was ist denn?" fragte Halvor.

„Hast du immer noch deine große Katze?" rief es aus dem Wald.

„Aber ja! Die liegt unterm Ofen," rief Halvor zurück, „und sie hat sieben Junge bekommen, die sind noch größer und wilder als sie."

„Dann kommen wir nicht mehr zu dir!" rief es aus dem Wald.

Und seitdem haben die Trolle auf Halvors Julgrütze verzichtet, und sie sind nie mehr wiedergekommen.

(s. Anhang S. 74)

Die Trollhochzeit

Es war einmal in einem Sommer, zur Mittsommerzeit war's, vor langer, langer Zeit. Die Leute von Melbustad zogen mit der Herde zur Alm. Sie waren noch nicht lange oben, da fingen die Tiere an unruhig zu werden, es war rein unmöglich, sie beieinander zu halten. Viele Mädchen liefen ihnen nach, konnten sie aber nicht zusammenbringen, bis eine kam, die versprochen war. Sie hatte kürzlich Verlobung gefeiert. Da wurden die Tiere auf einmal ruhig, und sie waren ganz leicht zu hüten. Das Mädchen blieb schließlich mit den Tieren allein auf der Alm, nur einen Hund hatte sie bei sich.
Eines Nachmittags saß sie in der Hütte – da erscheint ihr Schatz, setzt sich neben sie und fängt davon an, dass er jetzt mit ihr Hochzeit machen wolle. Sie bleibt still sitzen, gibt auch keine Antwort; er kommt ihr so wunderlich vor. Nach und nach kommen mehr und immer mehr Leute herein, die decken den Tisch mit schönem Silberzeug und tragen köstliche Speisen auf. Brautjungfern bringen ein Brautkleid, eine Krone und Schmuck, und das Brautkleid ziehen sie ihr an, die Krone setzen sie ihr auf den Kopf, wie es damals Brauch war, und sie beginnen, ihr die Ringe an die Finger zu stecken.
Die Leute kommen ihr bekannt vor. Das sind Frauen aus dem Dorf und auch Mädchen, die so alt sind wie sie. Der Hund aber winselt und jault, und schließlich rennt er in langen Sätzen ins Dorf hinunter und heult und bellt und lässt den Leuten keine Ruhe und springt vor ihnen her. Schließlich folgen sie ihm. Der Bursche, der des Mädchens Liebster ist, nimmt seine Flinte und steigt allen voran hinauf zur Alm. Als er in die Nähe der Hütte kommt, sieht er eine Menge gesattelter Pferde stehen. Er schleicht sich nahe heran und schaut durch einen Spalt in der Tür. Da sieht er sie alle drinnen beisammensitzen, und er denkt: Das sind doch Trolle und Unterirdische! Der Bursche feuert seine Büchse über das Dach ab. In dem Augenblick fliegt die Tür auf und ein großes Garnknäuel schießt heraus und schnurrt ihm um die Beine und davon. Als er in die Hütte tritt,

sieht er seine Braut sitzen im vollen Brautstaat, es fehlt nur noch ein Ring am kleinen Finger.

„Ja, was ist denn hier los?" fragt er und sieht sich um. Alles Silberzeug steht noch auf dem Tisch, aber die schönen Speisen sind zu Moos und Maden, zu Kuhmist und Kröten, zu Schlangen und Spinnen geworden.

„Was bedeutet denn das alles?", fragt er. „Du sitzt hier im Staat wie eine Braut?"

„Wie kannst du nur fragen?" sagt das Mädchen. „Du hast ja selbst hier gesessen und von der Hochzeit gesprochen, den ganzen Nachmittag lang!"

„Ich? Ich bin eben erst gekommen," sagt der Bursche. „Hör mal, das muss einer gewesen sein, der meine Gestalt angenommen hat."

Da kam das Mädchen allmählich wieder zu sich selbst. Aber es dauerte lange, bis sie ganz zu Verstand kam. Sie hatte steif und fest geglaubt, ihr Liebster sei da gewesen und die ganze Verwandtschaft und Bekanntschaft dazu. Er nahm sie mit in das Dorf hinunter, und in dem Brautstaat der Unterirdischen feierte sie gleich Hochzeit mit ihm.

Die Brautkrone und der andere Schmuck wurden später in Melbustad aufgehängt, und ihr könnt hinfahren und sie da heutigentags noch hängen sehen. *(s. Anhang S. 74)*

Die Bienenkönigin

Zwei Königssöhne gingen einmal auf Abenteuer und gerieten in ein wildes, wüstes Leben, so dass sie gar nicht wieder nach Haus kamen. Der jüngste, welcher der Dummling hieß, machte sich auf und suchte seine Brüder; aber wie er sie endlich fand, verspotteten sie ihn, dass er mit seiner Einfalt sich durch die Welt schlagen wollte, und sie zwei könnten nicht durchkommen und wären doch viel klüger. Sie zogen alle drei miteinander fort und kamen an einen Ameisenhaufen. Die zwei Ältesten wollten ihn aufwühlen und sehen, wie die kleinen Ameisen in der Angst herumkröchen und ihre Eier forttrügen, aber der Dummling sagte: „Lasst die Tiere in Frieden, ich leid's nicht, dass ihr sie stört."

Da gingen sie weiter und kamen an einen See, auf dem schwammen viele, viele Enten. Die zwei Brüder wollten ein paar fangen und braten, aber der Dummling ließ es nicht zu und sprach: „Lasst die Tiere in Frieden, ich leid's nicht, dass ihr sie tötet."

Endlich kamen sie an ein Bienennest, darin war soviel Honig, dass er am Stamm herunterlief. Die zwei wollten Feuer unter den Baum legen und die Bienen ersticken, damit sie den Honig wegnehmen könnten. Der Dummling aber hielt sie wieder ab und sprach: „Lasst die Tiere in Frieden, ich leid's nicht, dass ihr sie verbrennt."

Endlich kamen die drei Brüder in ein Schloss, wo in den Ställen lauter steinerne Pferde standen, auch war kein Mensch zu sehen, und sie gingen durch alle Säle, bis sie vor eine Tür ganz am Ende kamen, davor hingen drei Schlösser; es war aber mitten in der Türe ein Lädlein, dadurch konnte man in die Stube sehen. Da sahen sie ein graues Männchen, das an einem Tisch saß. Sie riefen es an, einmal, zweimal, aber es hörte nicht; endlich riefen sie zum drittenmal, da stand es auf, öffnete die Schlösser und kam heraus. Es sprach aber kein Wort, sondern führte sie zu einem reich besetzten Tisch; und als sie gegessen und getrunken hatten, brachte es einen jeglichen in sein eigenes Schlafgemach.

Am andern Morgen kam das graue Männchen zu dem Ältesten, winkte und leitete ihn zu einer steinernen Tafel, darauf standen drei Aufgaben geschrieben, wodurch das Schloss erlöst werden könnte. Die erste war, in dem Wald unter dem Moos lagen die Perlen der Königstochter, tausend an der Zahl, die mussten aufgesucht werden, und wenn vor Sonnenuntergang noch eine einzige fehlte, so ward der, welcher gesucht hatte, zu Stein. Der Älteste ging hin und suchte den ganzen Tag, als aber der Tag zu Ende war, hatte er erst hundert gefunden; es geschah, wie auf der Tafel stand, er ward in Stein verwandelt.

Am folgenden Tag unternahm der zweite Bruder das Abenteuer; es ging ihm aber nicht viel besser als dem Ältesten, er fand nicht mehr als zweihundert Perlen und ward zu Stein. Endlich kam auch an den Dummling die Reihe, der suchte im Moos, es war aber so schwer, die Perlen zu finden, und ging so langsam. Da setzte er sich auf einen Stein und weinte. Und wie er so saß, kam der Ameisenkönig, dem er einmal das Leben erhalten hatte, mit fünftausend Ameisen, und es währte gar nicht lange, so hatten die kleinen Tiere die Perlen miteinander gefunden und auf einen Haufen getragen.

Die zweite Aufgabe aber war, den Schlüssel zu der Schlafkammer der Königstochter aus der See zu holen. Wie der Dummling zur See kam, schwammen die Enten, die er einmal gerettet hatte, heran, tauchten unter und holten den Schlüssel aus der Tiefe.

Die dritte Aufgabe aber war die schwerste. Aus den drei schlafenden Töchtern des Königs sollte die jüngste und die liebste herausgesucht werden. Sie glichen sich aber vollkommen und waren durch nichts verschieden, als dass sie, bevor sie eingeschlafen waren, verschiedene Süßigkeiten gegessen hatten, die älteste ein Stück Zucker, die zweite ein wenig Sirup, die jüngste einen Löffel voll Honig. Da kam die Bienenkönigin von den Bienen, die der Dummling vor dem Feuer geschützt hatte, und versuchte den Mund von allen dreien, zuletzt blieb sie auf dem Mund sitzen, der Honig gegessen hatte, und so erkannte der Königssohn die Rechte. Da war der Zauber vorbei, alles war aus dem Schlaf erlöst, und wer von Stein war, erhielt seine menschliche Gestalt wieder. Und der Dummling vermählte sich mit der Jüngsten und Liebsten und ward König nach ihres Vaters Tod; seine zwei Brüder aber erhielten die beiden andern Schwestern. *(s. Anhang S. 75)*

Die Zwerge im Kampf mit den Riesen

Die Önereersken kamen zusammen bei ihrem König Finn und klagten, dass sie nirgends mehr in Frieden leben konnten. Die Riesen verfolgten und schlugen sie, wo sie nur konnten. „Was sollen wir nun anfangen?" fragte König Finn. „Wir müssen uns erheben und kämpfen! Wir müssen unsere Messer und Zähne wetzen, unsere Äxte und Hämmer ausgraben und kämpfen wie die Flöhe!" – „Kämpfen wie die Flöhe!" riefen alle nach, gingen heim und rüsteten zum Kampf.

Die Frau eines Unterirdischen verdross der Plan. Sie schlich am Morgen vor Tagesanbruch zu den Riesen und verriet ihn. Da kamen die Sylter Riesen von Osten, Süden und Westen. Viele hatten sich in Tierfelle gehüllt, und einer hatte einen Walfischknochen als Waffe mitgebracht. Manche hatten sich mit getrockneten Rochen behängt und sagten: „Kein Feind kann durchschießen, und außerdem haben wir etwas zu essen, falls die Schlacht etwas länger dauert." Die meisten der Riesen hatten bronzene und eiserne Schwerter und Beile und Streithämmer.

Sie hielten noch einmal Rat: „Die Unterirdischen saufen unser Bier aus den Kellern! … Sie haben mein Kind ausgewechselt! … Und sie melken unsere Kühe! … Und sie laufen mir immer um die Füße, wenn ich über die Heide gehe!" So klagten sie und wurden einig, dass sie die Önereersken bestrafen und verjagen müssten.

So zogen die Sylter Riesen nordwärts und kamen zum Hügel der Unterirdischen. Aber da waren alle Löcher zu den Höhlen verstopft. Finn hatte sie verschließen lassen, bevor sie weggegangen waren. Und nun kamen sie den Riesen von Norden her entgegen. Als sie aber die Trommel der Riesen hörten, der Gestank der Tierhäute sich verbreitete und die Stachelrochen ihnen nahe kamen, da krochen sie schnell in ihre Löcher und unter das Gestrüpp und die Heidebüschel. Die Riesen hatten es schwer, sie zu entdecken, doch etliche traten sie tot, ohne es zu merken. Sie trieben ihren Hund in die Höhlen, um die Zwerge herauszutreiben, aber den vergifteten die Unterirdischen. Schließlich beschlossen die Riesen, ihre kleinen Feinde in ihren Höhlen mit ihrem grässlichen Gestank auszustinken; sie hatten bemerkt, dass die Zwerge sehr feine Nasen hatten. Ja, wirklich, die flohen von einem Gebüsch und Loch zum anderen und flohen schließlich in ein Tal und verbargen sich da in Büschen und Löchern.

Die kleinen Pukleute unter den Unterirdischen waren verzagt und gaben den Kampf auf. Da wurden die anderen böse und tapfer. Sie krochen und sprangen, schnell wie die Flöhe, den großen langsamen Riesen unter die Kleider und stachen und schnitten manche mit ihren Messern und Äxten aus Flintstein tot.

Die Riesen wehrten sich wie Löwen, aber als viele ihrer Leute umgekommen waren, zogen sie nach Südwest davon. Zum Glück kamen ihnen hier die Frauen und Töchter entgegen sie, hatten zur Stärkung ihrer Männer Brei gekocht. Und als sie hörten, dass die Riesen auf der Flucht waren, wurden sie zornig. Sie schalten und schimpften auf die Riesen, und dann warfen sie mit der heißen Grütze nach den Zwergen. Einige bekamen sie in die Augen und wurden blind, andere bekamen sie in den Hals und erstickten, und einige starrten die schönen Frauen an und vergaßen zu kämpfen.

Als die Riesen ihre tapferen Frauen sahen, kehrten sie wieder um und schlugen so grimmig auf die Unterirdischen ein, dass schließlich fast alle Zwerge tot auf der Heide lagen. König Finn entkam, setzte sich auf seinen Thronstein und wollte auch nicht mehr leben.

Die Sylter Riesen aßen nun die Reste der Grütze samt den Stachelrochen und eine Menge Käse dazu. Dann gingen sie mit ihren Frauen vergnügt nach Hause. Und heute noch kann man die Hügel und Täler sehen, wo die Zwerge gegen die Riesen gekämpft haben.

Einige Önereersken hatten sich retten können. Sie nährten sich weiter vom Bier aus den Kellern der Riesen. Es scheint, dass sie sich auf der östlichen Heide eingenistet hatten, denn dort findet ihr heute noch am Morsum-Kliff das Geschirr der Önereersken: kleine Teller, Schüsseln und so allerlei mehr. *(s. Anhang S. 75)*

Das blaue Band

Es war einmal ein Mann, der war arm und krank. Er fühlte, dass er bald sterben musste, rief seine Frau an sein Bett und sprach: „Liebe Frau, mit mir geht es zu Ende. Ich kann euch nichts hinterlassen. Darum geh du mit unserem Sohn zu meinem Bruder, der jenseits des großen Waldes wohnt. Er ist ein wohlhabender Mann und wird für euch sorgen." Darauf starb der Mann, und als er begraben war, machte sich die Frau mit dem Sohn auf den Weg. Hans war ein guter Junge und beinahe erwachsen; die Mutter aber hasste ihn.
Als sie ein gutes Stück gegangen waren, lag da ein blaues Band am Weg. Hans bückte sich und wollte es aufheben. Die Mutter aber sagte: „Lass doch das alte Band liegen. Was willst du damit?"
Hans aber dachte: „Wer weiß, wozu es gut ist?" Er hob es heimlich auf und band es sich unter seiner Jacke um den Arm, damit die Mutter es nicht sehen sollte. Da wurde er auf einmal stark, so stark, dass niemand ihm etwas hätte antun können.
Sie gingen weiter und kamen in den großen Wald. Lange wanderten sie darin herum, ohne den Ausgang zu finden. Aber sie kamen an eine Höhle. Sie traten ein und sahen einen gedeckten Tisch voll herrlicher Speisen in silbernen Schüsseln. „Da kommen wir gerade recht," sprach Hans. „Ich habe Hunger und will mich satt essen." Sie setzten sich und aßen und tranken nach Herzenslust. Und als sie fertig waren, trat ein Riese ein, der sprach: „Euch scheint es hier zu gefallen. Ihr könnt bei mir in der Höhle bleiben." Das gefiel den beiden, und die Mutter wurde die Frau des Riesen.
Sie lebten vergnügt miteinander; der Riese gewann Hans lieb, die Mutter aber hasste ihren Sohn von Tag zu Tag mehr. Und eines Tages sagte sie zum Riesen: „Siehst du, wie stark Hans geworden ist? Er kann uns gefährlich werden. Schaffe ihn lieber beiseite." Der Riese aber antwortete: „Nein, Hans ist ein guter Junge. Ich werde ihm kein Haar krümmen." Da legte sich die Frau am nächsten Tag in das Bett und klagte: „Hans,

ich bin so krank, dass mir nur ein Mittel helfen kann. Bring mir Milch von der Löwin, die nicht weit von uns ihre Höhle hat." Sie hoffte aber, die Löwin würde den Hans fressen.

Hans nahm einen Napf, ging zur Höhle und sah, wie die Löwin das Junge säugte. Er hob es beiseite und molk die Löwin; das ließ sie sich ruhig gefallen. Da kam aber der alte Löwe mit Gebrüll in die Höhle und fiel ihn von hinten an. Hans aber drehte sich um und nahm den Hals des Löwen fest unter seinen Arm. Da wurde das Tier zahm und legte sich nieder. Hans molk die Schale voll und verließ die Höhle, die drei Tiere folgten ihm nach. Die Mutter erschrak so sehr vor den Löwen, dass Hans sie vor den Eingang führte. Von nun an freuten sich die Löwen, wenn sie ihn sahen, und sprangen ihm immer entgegen. Die böse Mutter aber sprach wieder zum Riesen: „Nun müssen wir Hans noch mehr fürchten, da er die wilden Tiere um sich hat." Der Riese antwortete: „Warum sollten wir ihn fürchten? Er wird uns nichts tun, und ich werde ihm nichts tun."

Da legte die Frau sich wieder ins Bett, stellte sich krank und bat Hans: „Ich muss Äpfel essen, aus dem Garten der Riesen, sonst werde ich sterben." Hans versprach von den Äpfeln zu holen, nahm einen Sack und machte sich auf den Weg, und die Löwen folgten ihm. „Diesmal wird er nicht zurückkehren," dachte die böse Mutter. Hans ging geradewegs in den Garten der Riesen und pflückte einen Sack voll von den Äpfeln. Er aß selbst einen und fiel davon in tiefen Schlaf. Da kamen die drei Riesen, einer nach dem anderen, und riefen laut: „Wer hat unsere Äpfel gestohlen?" Sie stürzten sich auf Hans und wollten ihn töten, aber die Löwen sprangen sie an und rissen sie in Stücke. Nun erst schlug Hans die Augen auf und sah in der Nähe das Schloss, in dem die drei Riesen gehaust hatten. Da hörte er aus dem Keller eine Stimme rufen, stieg hinab und fand eine Königstochter, die war dort gefangen gehalten. Sie bat Hans, mit auf ihres Vaters Schloss zu kommen, aber Hans sagte: „Ich muss erst meiner Mutter die Äpfel bringen, denn sie ist sterbenskrank." Die Mutter ärgerte sich, dass Hans wieder da war. Sie fragte ihn, wie ihm die schwierige Aufgabe gelungen sei. Und Hans erzählte ihr endlich von dem blauen Band, das ihm Kraft und Mut gebe. Dann lud er sie und den Riesen ein, mit auf das Schloss zu kommen, wo er die Königstochter befreit hatte. Da zog sie gern mit ihrem Mann hin, und sie lebten in Pracht und Herrlichkeit. Sie hatte aber keine Ruhe und lauerte Tag für Tag auf eine Gelegenheit, Hans zu vernichten, denn nun wusste sie ja, woher Hans seine Kraft hatte.

Einmal lag Hans in tiefem Schlaf. Da schlich sie sich heimlich in sein Zimmer, nahm das blaue Band, das an einem Nagel an der Wand hing, und stach ihm beide Augen aus. Dann jagte sie ihn fort und wollte allein Herrin im Schloss sein. Die Löwen aber liefen ihrem Herrn nach und führten auch die Königstochter zu ihm. Nun irrten sie lange im Wald umher und suchten den Weg, der zum Schloss des Vaters der Königstochter führte. Einmal sah sie einen blinden Hasen, der lief hin und her und schien auch etwas zu suchen. Sie folgten ihm und sahen, wie er endlich an einen klaren Bach kam. Dort tauchte er dreimal unter und lief sehend davon. Da führte die Königstochter auch Hans zu dem Quell, und mit geheilten Augen fand er den Weg in die Stadt zum Königsschloss. Dort wurden sie freudig empfangen. Der alte König gab dem Befreier seine Tochter zur Frau und richtete ein großes Hochzeitsfest aus.

Als die Mutter erfuhr, dass ihr Sohn wieder sehend geworden und der Mann der Königstochter geworden war, da wurde sie vor Neid und Hass so krank, dass sie starb. Hans kehrte noch einmal auf das Schloss der Riesen zurück und fand das blaue Band unter dem Kopfkissen der Mutter. Er trug es von nun an sein Leben lang bei sich. Als der alte König starb, wurde er Herrscher über das Land, von den Feinden gefürchtet und von den Bewohnern seines Landes geliebt. *(s. Anhang S. 75)*

Die zwei Riesen

Es waren einmal zwei Riesen, der wilde Witzel und der prahlende Rotzel, die wohnten jeder auf einer Seite eines Berges: hier der wilde Witzel, und da der prahlende Rotzel. Eines Tages sagt Witzel zu seiner Frau: „Der Rotzel gefällt mir nicht. Ich geh über den Berg, ich will ihn verprügeln."

Also steigt er auf der einen Seite hoch und auf der anderen wieder hinunter. Er kommt zum Haus des Rotzels, aber da ist nur seine Frau daheim. „Wo ist der Rotzel? Der rotzelt mir zu viel, ich will ihn verprügeln."

„Ach," sagt die Frau, „der Rotzel ist gerade nicht zu Hause. Aber komm doch herein, du kannst warten."

„Ja, wo ist er denn hingegangen?" fragt Witzel.

„J-ja – schau dort zum Berg. Der Rotzel ist hinaufgestiegen, um zu pinkeln."

„Um zu pi...?"

„Ja," sagt sie, „schau nur, wie der Strahl herunterfällt." Dabei zeigt sie auf einen Wasserfall, der da unentwegt vom Berg fällt. „Er wird vor drei Stunden nicht damit fertig sein. Komm nur herein, ich koche dir eine Tasse Tee."

„Oi," denkt der Witzel, „drei Stunden macht der das, was muss das für ein Kerl sein!" Und er sagt zur Frau Rotzel: „Nein danke, ich geh doch lieber über den Berg nach Hause." Er steigt auf der einen Seite hoch und auf der anderen Seite wieder runter und erzählt seiner Frau, was er erlebt hat. „Und wenn er nun kommt und sich rächen will? Der macht Mus aus mir!"

„Lass mich nur machen, und bleib du ganz still," beruhigt ihn seine Frau.

Unterdessen kommt der Rotzel heim – er war gar nicht auf dem Berg gewesen, er war im Wald, Holz sammeln. Und seine Frau erzählt ihm, dass der Witzel da gewesen ist, und wie das so gegangen ist.

„Was!" schreit der prahlende Rotzel, „dieser Angeber, ich zerdrück ihn zu Mus!" Er steigt auf der einen Seite des Berges hinauf und auf der anderen wieder hinunter. Witzel sieht ihn kommen und jammert.

„Sei still," sagt seine Frau, „leg dich ins Bett, zieh die Decke bis über die Nase, und rühr dich nicht." Dann läuft sie dem Rotzel entgegen und sagt: „Leise, leise, das Kind ist gerade eingeschlafen!" Sie zieht ihn am Ärmel mit ans Bett und singt: „Schlaf, Kindchen, schlaf ..." Der Rotzel schaut auf den Berg unter der Bettdecke und denkt: „Oi, wenn das das Kind des wilden Witzels ist, wie wild muss dann der Witzel selber sein." Und er sagt zur Frau Witzel: „Ich geh doch wieder über den Berg nach Hause." Er steigt auf der einen Seite des Berges hinauf und auf der anderen wieder hinunter, und seit der Zeit leben Witzels und Rotzels ganz friedlich nebeneinander. *(s. Anhang S. 76)*

Stompe Pilt

Ein Stück vom Baalsberg bei Filkestad im Willandshärad liegt ein Hügel, in dem früher ein Riese wohnte, der hieß Stompe Pilt.
Eines Tages kam ein Geißhirte mit seiner Herde auf den Hügel, wo Stompe Pilt hauste.
„Wer ist da?" schrie der Riese und fuhr aus dem Hügel heraus mit einem Flintstein in der Faust.
„Ich, wenn du es wissen willst!" rief der Hirte und trieb seine Geißen den Hügel hinauf.
„Wenn du herkommst, zerdrücke ich dich, wie ich hier den Stein zerdrücke!" schrie der Riese und zermalmte ihn zwischen den Fingern, dass es nur noch feiner Sand war. „Und ich zerquetsche dich, dass das Wasser herausläuft, wie hier diesen Stein!" schrie der Hirte und zog einen frischen Käse aus der Tasche und drückte ihn aus, dass ihm das Wasser die Finger entlang lief.
„Hast du keine Angst?" sagte der Riese.
„Vor dir gewiss nicht!" gab der Bursche zur Antwort.
„Dann wollen wir miteinander kämpfen!" schlug der Riese vor.
„Meinetwegen," sagte der Hirte, „aber zuerst wollen wir einander schelten, dass wir richtig in Zorn kommen, denn im Schimpfen kommt der Zorn, und im Zorn kommt's dann zum Kampf."
„Aber ich will mit dem Schimpfen anfangen," sagte der Riese.
„Meinetwegen," sagte der Bursche, „aber dann komme ich an die Reihe."
„Einen krummnäsigen Troll sollst du bekommen!" schrie der Riese.
„Und du einen fliegenden Teufel," sagte der Hirte und schoss mit seinem Bogen dem Riesen einen scharfen Pfeil in den Leib.

„Was war das?" fragte der Riese und versuchte den Pfeil aus seinem Fleisch herauszureißen.
„Das war ein Schimpfwort!" sagte der Hirte.
„Warum hat es Federn?" fragte der Riese.
„Damit es besser fliegen kann," antwortete der Hirte.
„Und warum sitzt es fest?" fragte der Riese weiter.
„Weil es in deinem Körper Wurzel geschlagen hat," gab der Hirte zur Antwort.
„Hast du noch mehr solcher Schimpfwörter?" fragte der Riese.
„Da hast du noch eins," rief der Bursche und schoss einen neuen Pfeil auf den Riesen.
„Au, au," schrie Stompe Pilt, „Bist du noch nicht soweit im Zorn, dass wir uns prügeln können?"
„Nein, ich habe dir noch nicht genug Schimpfwörter gegeben," antwortete der Hirte und legte einen neuen Pfeil auf.
„Führ deine Geißen, wohin du willst! Ich komme schon gegen deine Schimpfworte nicht an, noch viel weniger gegen deine Hiebe," schrie Stompe Pilt und sprang in den Hügel hinein.
Auf diese Art blieb der Hirte Sieger, weil er sich von dem einfältigen Riesen nicht bange machen ließ.
(s. Anhang S. 76)

Wie die Önereersken vertrieben wurden

Nachdem die Unterirdischen von der Kampener Heide nach Morsum gezogen waren, klagten die Menschen dort über die geleerten Bierfässer im Keller. Besonders Nis Schmied klagte, dass sie ihm das Bier im Keller aussöffen. Einst ertappte die Frau des Schmieds einen der diebischen Zwerge in ihrem Keller beim Bierzapfen. Sie schimpfte mit ihm, und da versprach der Önereerske: „Sei still! Ich lege einen Segen in das Fass, dann wird es niemals leer, solange du deinem Mann nichts davon erzählst und niemals ein Fluch über dem Fass gesprochen wird."
Der Zwerg legte seinen Segen in das Fass und die Frau schwieg. Jeden Augenblick lief der durstige Schmied aus der heißen Schmiede in den Keller, um sich einen Schluck vom Bier zu holen, und der Biervorrat wurde nicht weniger. Als der Schmied das endlich merkte, rief er: „Das ist ja ein Teufelsfass, das nie leer wird!" Sogleich verschwand der Segen, und die Zwerge stahlen Brot und Bier wie früher aus dem Keller. Da erzählte die Frau Nis, was geschehen war und sie beratschlagten mit den Nachbarn, wie sie das diebische Gesindel loswerden könnten.

Schließlich kam eine alte Frau zu ihnen, die hatte als Kind mit den Önereersken gespielt, und sie hatten ihr verraten, dass sie gegen das Kreuzzeichen und alles, was ihm ähnelte, nicht ankommen konnten. „Wenn du es ihnen in den Weg legst, können sie nicht über, nicht durch und nicht darunter wegkommen," sagte die Alte. Sie riet dem Schmied, sein Haus in Brand zu stecken, wenn die Önereersken im Keller seien. „Und vor jede Tür stelle ein Wagenrad, das hat viele Kreuze. Dann werden die Zwerge mit dem Haus verbrennen."
Nis Schmied tat das. Als das Haus in Flammen stand, wollten die Zwerge fliehen, aber sie konnten nicht fortkommen. Sie steckten die Hände durch die Speichen der Wagenräder und riefen um Hilfe, aber die Morsumer ließen alle verbrennen. Zuletzt sah einer der Önereersken die alte Frau, die den Rat gegeben hatte, und er rief: „Gespielin, Gespielin! Wie hast du uns verraten!"
Das war das Letzte, was man auf Sylt von den Unterirdischen gehört hat. Man weiß übrigens noch, wo Nis Schmieds Haus gestanden hat. *(s. Anhang S. 76)*

Anhang mit Erläuterungen

Von Wasserwesen in Nordfriesland und anderswo

Die Unterwasserwesen haben ein verführerisches, forderndes und festhaltendes Wesen. Sie können den Menschen gefährlich werden. Aber meistens werden sie als einfältig und beschränkt geschildert, die Menschen sind ihnen letztlich überlegen. Immer wieder versuchen die Wasserwesen, Menschen in ihr Reich zu locken und sich mit ihnen zu verbinden, aber es misslingt ihnen stets. Steckt dahinter vielleicht die Sehnsucht der Jenseitswesens aus dem Element des Unbewussten, dem Wasser, nach der Bewusstheit des Menschen?

In **Der Meermann Ekke Nekkepenn** (S. 10) wird die Hilfe der Menschen bei der Geburt eines Kindes der Jenseitswesen unter Wasser eingefordert. Der Meermann hat eine Frau mit Namen Ran. Für sie holt er die Frau des Kapitäns eines Schiffes zur Geburtshilfe. Weiter wird von ihm in der Geschichte nichts erzählt. Erst in einer weiteren Sage erfahren wir Näheres über ihn. Er hat die schöne Frau des Kapitäns nicht vergessen, und als seine Frau alt und hässlich wird, erinnert er sich sehnsüchtig an sie. Es heißt, er habe ganz vergessen, dass auch die Kapitänsfrau inzwischen alt geworden sein muss. Er steigt auf Sylt an Land, um sie zu suchen. Der Kapitän hatte sie seit jenem Vorfall mit den Meerwesen nie wieder mit auf das Meer genommen. Ekke Nekkepenn trifft die Schöne, wie er meint, aber es ist die Tochter Inge, die der Mutter gleichkommt an Schönheit. Der Meermann merkt es nicht.

In **Ekke Nekkepenn und Inge von Rantum** (S. 12) geht es um das Motiv des Namenerratens. Inge ist der Freier unheimlich, sie kann sich nur von ihm lösen, wenn sie seinen Namen kennt.
Wir kennen das aus dem Märchen vom Rumpelstilzchentyp, und daher ist es wohl in die Sage von Ekke Nekkepenn eingeflossen. Wasserwesen haben scheinbar ein großes Verlangen, sich mit einem menschlichen Wesen zu verbinden. In vielen Märchen ist es umgekehrt: Ein Mensch findet einen Partner oder eine Partnerin aus dem Jenseits. Manchmal gelingt die Menschwerdung, manchmal misslingt sie, und das Jenseitswesen verlässt den menschlichen Partner wieder. Die Liebe war dann nicht stark genug, so scheint es. In sagenähnlichen Stoffen bleibt das nicht menschliche Wesen meistens ungeliebt zurück.
Das uns bekannte Märchen vom Rumpelstilzchen ist vielschichtiger und ausführlicher erzählt, und das kleine Männchen ist verschlagener als der schlichte Meermann, ja, es erweist sich sogar als ein teuflisches Wesen. Es verrät sich selbst mit seinen Worten: „Das hat dir der Teufel gesagt!"
Das Rumpelstilzchen-Märchen kennt jedes Kind. Dazu trägt sicher der Vers des Rumpelstilzchens bei. Kinder lieben Verse, weil sie ihrem Rhythmusgefühl entsprechen und weil sie meist etwas Magisches haben.

> Heute back ich, morgen brau ich,
> übermorgen hol ich der Königin ihr Kind.
> Ach, wie gut ist, dass niemand weiß,
> das ich Rumpelstilzchen heiß.

Dieser Vers beschwört nichts, Magie ist nicht im Spiel, der Vers verrät einfach den Namen, der eigentlich geheim bleiben sollte.

Klabautermännchen (S. 14). Die Friesen sahen auf ihren Schiffen kleine Wesen, die nannten sie Klabauter- oder Klaboltermännchen. Sie behandelten sie gut, denn davon hing ihre glückliche Fahrt ab. Dann schafften und halfen die Klabautermännchen gut gelaunt überall. Sie verrichteten das Werk der Matrosen, während diese schliefen. Als Dank legten sie den Männchen kurze Holzstücke in den Schiffsraum, denn das Hämmern und Klütern damit war ihre liebste Beschäftigung. War aber einmal ein Klabautermännchen ärgerlich, dann polterte es so heftig im Schiff, dass es ächzte und in allen Fugen zitterte; die Kisten und Tonnen der verstauten Ladung wurden durcheinander geworfen. Niemand wagte es, in den Schiffsraum hinunterzusteigen, um nicht von einer geworfenen Kiste getroffen zu werden. Wenn die Klabautermännchen das Schiff gar verließen, drohte schweres Unglück, und die Matrosen fürchteten den Untergang des Schiffes.

Ran und die drei Töpfe am Meeresgrund (S. 16) erzählt von der Begegnung eines Menschen mit der Meerfrau in ihrem Reich, wo sie schon andere Menschenseelen gefangen hält. Der Mensch ist durch einen Ring, ein Treuesymbol, an eine dieser Seelen gebunden, und so kann er diesen Mann zurückführen in die Menschenwelt.

Wie Ekke Nekkepenn hat auch die Meerfrau Ran Verlangen nach menschlichen Wesen. Sie ist die Meeresgöttin, die den Sturm zu erregen versteht, denn sie ist gierig auf Beute. Ihr gehören die Schiffe und alles darin, wenn sie zerschellen. Und mit ihren Netzen fischt sie die Ertrunkenen und zieht sie hinab auf den Grund des Meeres.

Einmal wunderte sie sich, dass selbst bei ärgstem Unwetter jegliche Beute ausblieb. Da verließ sie ihren Palast in der Tiefe, schwamm hinauf zur Oberfläche der See und tauchte mit dem Kopf aus den Fluten. Da sah sie über sich die Vögel kreisen und hörte sie rufen: „Rettet euch – es kommt Sturm! Zieht die Segel ein – es kommt Sturm!" Ran schnellte sich aus den Wellen, und es gelang ihr, einen der Vögel zu packen. Sie fragte zornig: „Wer hat dich die Menschen warnen gelehrt?" denn sie fühlte sich um das Ihre betrogen. Der Vogel erzählte von einem zauberkundigen Mann. Nun hatte Ran keine Ruhe: Sie sandte eine ihrer schönen Nixentöchter aus, den Mann zu verführen, und das gelang auch. Er wurde in die Tiefe des Meeres gezogen. Aber die Sturmvögel warnen immer noch die Menschen, wenn ein böses Wetter aufzieht.

Es wird von Ran auch erzählt, sie habe eine riesige Handmühle, mit der sie Salz für die Heringslauge mahle. Wenn sie mahlt, erzeugt sie einen solchen Mahlstrom, einen solchen Wirbel, dass Schiffe davon in die Tiefe gerissen werden. Das erinnert an das folgende Märchen.

Warum das Meerwasser salzig ist (S. 18). Es gehört zu den sogenannten ätiologischen Märchen, die erzählend erklären, warum und wie etwas auf der Welt geworden ist.

Der Tod, den Fischer auf der See erlitten, hat ein negatives Bild von der Meerfrau gezeichnet und sie zu einer grausamen Gestalt werden lassen. In der folgenden Geschichte ist die Kraft der Liebe einer Frau zu ihrem Kind und ihrem Mann stärker als Rans Verführungskünste und ihr zauberisches Singen, die die Menschen alles vergessen lassen.

Der Mantel der Meerjungfrau (S. 20) ist ein sehr komplexes Märchen. Auffällig sind die vielen gegensätzlichen Erscheinungen, die stark herausgearbeitet sind: Meer und Land, Mann und Frau, dunkel und hell, vergessen und erinnern, böse und gut. Der Aufenthalt im Unterwasserpalast ist verlockend schön, aber nur so lange der Mensch sich dort nicht an sein früheres Leben erinnert. Das Wasser ist in diesem Märchen vorwiegend ein negatives Symbol: Es hat verschlingende und zerstörerische Kraft, indem es den Fischern zum Verhängnis wird. Es steht als vergessen machendes Element für das Unbewusste. Dass es auch Leben spendende und schöpferische Aspekte hat, bleibt hier unerwähnt.

Die Meerjungfrau scheint ein unerlöstes Dasein zu führen. Sie sehnt sich nach menschlichen Seelen, möchte ihren tierischen Aspekt verleugnen und kann das nur mit Hilfe von menschlichen Opfern und Attributen. Sie bleibt unerlöst in der Tiefe zurück, während die Menschen an das Tageslicht zurückkehren, ihre Bewusstheit wieder erlangend.

Bedenkenswert ist, dass die Frau mit Spinnen und Weben die Entzauberung vollbringt. Es ist auffällig, dass in vielen Märchen diese Tätigkeiten eine Rolle spielen, während wenige Menschen sie kennen und noch weniger sie ausüben. Aber das ist zum Verständnis offenbar nicht nötig. Wir haben alle noch eine Ahnung in uns, was das Bildwort Spinnen bedeutet: den Lebensfaden in die Hand nehmen und unser Leben gestalten, indem wir die Fäden kreuz und quer miteinander verbinden und so unser Leben weben. Das klingt auch in dem nächsten Märchen an.

Die Wassernixe (S. 26). Kinder werden in den Bereich der Nixe gezogen. Sie spielen an einer Stelle, die die Oberfläche des Irdischen mit den Tiefen der Erde verbindet, der Brunnen. Die Nixe sagt, die Kinder sollen für sie arbeiten. Ist damit der Moment im Leben eines Menschen gemeint, in dem das kindliche Spiel ein

Ende nimmt und der sogenannte Ernst des Lebens beginnt? Muss ich meine Willenskräfte anspannen, um aus einer harten Lage – steinharte Klöße als Nahrung! – herauszufinden? Die Kinder schaffen es aus eigener Kraft, sich mit magischen Mitteln zu retten. Wenn wir das mit dem Verstand anschauen, werden wir sagen: Solch ein Unsinn! Wenn wir die Bilder befragen, sieht es anders aus: Bürste und Kamm stehen für das Ordnen der Gedanken, überhaupt für Klärung und Ordnung. Die Nixe ist dieser geordneten Welt nicht gewachsen, das ist ein unübersteigbarer Berg für sie. Und schon gar der Spiegel! Er ist ein Erkenntnissymbol, und Bewusstheit ist nicht die Sache einer Nixe aus dem wässrigen Element des Unbewussten.
Kinder lieben dieses Märchen, obwohl sie sich niemals Gedanken über die Bedeutung machen würden. Sie verstehen es auf der seelischen Ebene aufgrund ihrer Erfahrungen, die sie im Leben machen; das genügt.

Die Nixe im Teich (S. 28) ähnelt in gewisser Weise dem Märchen Der Mantel der Meerjungfrau. Das verführerische Wesen will den begehrten Mann an sich binden. Aber die ausdauernde Liebe einer Frau führt ihn zurück in das gemeinsame Leben. Wieder bleibt das Wasserwesen unerlöst zurück. Solange die beiden Liebenden noch etwas Tierhaftes an sich haben, das halb dem Wasser und halb der Erde zuzuordnen ist – als Frosch und als Kröte – sind sie auch noch unbewusste Wesen. Dann kommt eine Zeit des Dienens und des In-sich-gehens, während sie Schafe hüten. Erst die Kraft der Erinnerung durch die die Seele anrührende Melodie bringt sie zur Erkenntnis ihrer selbst und des Anderen.

Imap Ukua, die Mutter des Meeres (S. 32). Eine ganz andere Bedeutung als die Nixen und Meerjungfrauen der vorangegangenen Märchen hat die Meerfrau für die Eskimo, die sich selbst Inuit, das heißt Menschen nennen. Sie ist die Hüterin der Tiere, die für die Menschen in den Eismeergebieten die wichtigste Nahrung sind. Wenn die Menschen die Gebote der Meerfrau nicht achten, gerät das Leben der Menschen in Unordnung. Die Erzählung wirkt geradezu aktuell mit ihrer Thematik der Umweltzerstörung.
Die Eskimo, wie auch die verwandten Völker Sibiriens, vertrauen auf die Heilkünste ihrer Schamanen. Diese sogenannten Geistheiler werden berufen oder fühlen sich berufen und dienen ihrem Stamm als geistige Führer und Heiler. Sie werden von älteren Schamanen eingeführt und suchen Beistand und Hilfe für ihre Arbeit bei Geistern, die ihnen bei ihren Geistflügen zur Seite stehen. In Trance verlässt die Seele des Schamanen den Körper und holt Rat für Kranke oder andere Hilfesuchende in der anderen, der jenseitigen, der geistigen Welt.
Als einem Eskimo in den 80er Jahren des 20. Jahrhunderts die Nachricht von der Mondlandung gebracht wurde, sagte er, das sei doch nichts Besonderes, sein Onkel, der Schamane, sei schon oft zum Mond und wieder zurückgeflogen. In diesem Sinne können wir die Reise des Schamanen in unserem Märchen von der Mutter des Meeres anschauen: Er macht sich seelisch auf, um den Grund für das Ausbleiben der Jagdbeute zu finden. Diese Reise wird bilderreich erzählt. In der unteren Welt sieht es so aus wie in der Menschenwelt. Das Bild des Schmutzes in den Haaren von Imap Ukua ist auch für unser aufgeklärtes Bewusstsein ein treffendes Bild für unsere gegenwärtige Situation: Wir sprechen von Umweltverschmutzung, wissen nicht, wie wir am besten mit giftigem Müll umgehen sollen, verbrauchen nicht wieder zu gewinnende Vorräte an Rohstoffen. Das ist die Lage der Eskimo, die immer nur an Nahrung dachten, an die Befriedigung ihrer eigenen Bedürfnisse, ohne an höhere geistige Zusammenhänge zu denken. So aktuell sind alte Märchen.

Von Landwesen in Nordfriesland und anderswo

Unter den Nordfriesen gab es und gibt es immer noch die „Spökenkieker", die die Gabe besitzen, seltsame kleine Gestalten zu sehen. Die Önereersken möchten gern Menschenkinder in ihren Bereich ziehen. Sie versuchen, neugeborene Menschenkinder mit ihren eigenen in der Wiege auszuwechseln. Aber sie fliehen, sobald die Menschen ein Kreuz über der Tür oder am Dach angebracht haben, das nicht wie das christliche Kreuzzeichen aufrecht steht, sondern wie ein x aussieht. Es genügte sogar, eine weit geöffnete Schere als Kreuzzeichen auf das Wiegenkissen zu legen, um die nicht sehr schlauen Önereersken zu vertreiben. Sie sind einfältig und treiben gern Schabernack mit den Menschen und lieben es, ihnen das Bier aus den Fässern im Keller auszutrinken.

Wenn ein Mensch vorübergehend in die Jenseitswelt gerät, um bei der Geburt eines Kindes zu helfen oder „Gevatter" zu stehen, also das Patenamt bei einem Jenseitswesen zu übernehmen, dann beschenken die Kleinen den Menschen mit übermenschlichen Gaben oder mit Gold. Wichtig ist offenbar das gegenseitige Vertrauen dabei.

Die Önereersken und König Finns Hochzeit (S. 36). Es wird hier von der Verbindung der Menschen mit den Unterirdischen erzählt. Beide fühlen sich voneinander angezogen. Interessant ist im Lied die Bemerkung „wird sie Christin, ist sie frei." Die Önereersken stammen aus heidnischer Zeit, und da ist die Angst der Önereersken vor dem Kreuz, vor dem Christentum verständlich. Dann heißt es, dass die Braut an jedem Finger einen goldenen Ring trägt. In einem später angeführten Märchen aus Norwegen ist es ein Troll, der eine Menschenbraut nur an sich binden kann, wenn es gelingt, ihr an jeden Finger einen Ring zu stecken, als Zeichen der Bindung.

Der Mühlstein am seidenen Faden (S. 38). Die Wesen des Kleinen Volkes, die Unterirdischen, haben offenbar die Gabe, sich in Tiergestalt zu zeigen. Man kann rätseln, ob sie Jens und Mariekens Gevatterstehen für sich brauchen als ein Angebundensein an die menschliche Welt, oder ob sie die beiden für ihr Mitleid mit der hässlichen Kröte belohnen wollen. Jens und Marieken werden belohnt, aber erst nachdem Jens die Pein des Mühlsteins am seidenen Faden über sich ausgestanden hat. Es ist ein schönes Beispiel dafür, wie eins mit dem anderen zusammenhängt. Jede Erscheinung, und sei sie noch so hässlich, hat ihre positive und schöne Bedeutung. Und Lohn ist auf den ersten Blick oft unscheinbar.

Die Kindbetterin (S. 41). Die Kleinen Leute bitten um die Hilfe der Menschen bei der Geburt eines Kindes. Bei der Kindbetterin wird dies Verlangen sogar in die wirkliche Vergangenheit verlegt und mit einer konkreten Person verbunden. Das Motiv des Unscheinbaren, das sich in Wertvolles verwandelt, ist landschaftsbezogen: Kohle in der Bergwelt (wie in einer Erzählung aus Österreich), Späne im Flachland (wie hier).

Sneewittchen (S. 42). Das Märchen vom Schneewittchen wurde ursprünglich in Plattdeutsch erzählt; davon hat sich noch der von den Brüdern Grimm übernommene Name Sneewittchen (Schneeweißchen) erhalten. Wenn es um Zwerge geht, ist Schneewittchen d a s Märchen. Kinder lieben es, weil es elementare Erfahrungen zur Sprache bringt: Sich verbannt fühlen von dem machtvollen, herrschsüchtigen Aspekt der Mutter, die sich ihre gerechte Strafe selbst bereitet: „Es ließ ihr keine Ruhe," heißt es, es zog sie zum Hochzeitsfest der jungen Königin. Die wieder hergestellte Gerechtigkeit tut den Kindern gut. Die andere Erfahrung ist, dass ein gefährdeter Mensch Schutz im Bereich der Natur finden kann, dass es fürsorgliche Wesen dort gibt. Die Zwerge wirken nicht jenseitig, sondern ganz und gar irdisch als tatkräftige Arbeiter im Erzbergwerk. Dennoch erscheint ihnen Schneewittchen wie ein Wesen aus einer anderen, höheren Welt. Wer sind diese Zwerge? Die Augen der Menschen sehen nicht, wie und wo sie tagsüber arbeiten. Sie sind Handelnde, Tätige, Wissende, die eine ahnungslose, vertrauensvolle Seele wie Schneewittchen beherbergen und schützen. Als der liebende Partner auftaucht, sind sie bereit, Schneewittchen wieder zu entlassen, zu ihrem Glück, wie sich zeigt.
Die tödlichen Gefahren, in die Schneewittchen gerät, und die Hilfsbereitschaft der Zwerge „hinter den Bergen", also weit weg vom Zuhause, beides sind Seelenerfahrungen, die Kinder in ihrem Leben machen. Und schließlich kommt jemand, der dieses Menschenkind auch in dem erstarrten Zustand so liebt, dass er ohne es nicht leben will. Das macht lebendig.

Das Schwert in den Tribergen (S. 48). Dass die eigentliche Erzählform der Nordfriesen die Sage ist, das wird in diesem Text deutlich. „Frisia non cantat" – Friesland singt nicht, so heißt ein altes Sprichwort. Das bedeutet in diesem Zusammenhang die Unterscheidung von Historischem und Poetischem. Historisches wird berichtet, Poetisches „besungen", ein Ausdruck, der aus der Zeit stammt, als viele Märchen in einem Sing-Sang mehr gesungen als gesprochen wurden. Diese Tradition hat sich in den baltischen Ländern noch bis auf den heutigen Tag erhalten und ist in manchen Versen der Märchen noch spürbar. Jedenfalls: In Nordfriesland entstanden keine Märchen, wie wir sie von den Brüdern Grimm kennen. Aber die Märchenmotive

sind in die Sagen eingeflossen, die in Dämmerstunden und an Winterabenden erzählt wurden. In diesem Märchen, das durch Ortsangaben und Nennung einer historischen Person seine Herkunft aus einer Sage zeigt, wird ein Brauch erwähnt, der heute noch in Nordfriesland gepflegt wird, das Ringreiten. Zwischen zwei Pfähle ist eine Leine gespannt, an der – locker angebracht – ein Ring hängt. Durch diesen Ring müssen die Reiter im Ritt ihre Lanze stechen, so dass der Ring darauf stecken bleibt. Es gilt zuerst einen größeren und dann einen zunehmend kleineren Ring zu stechen. Der Reiter, der die meisten Ringe sticht, wird für ein Jahr Ringreiterkönig.
In anderen Märchen gibt es auch oft eine Reiterprobe. Meist erringt der Held die Königstochter und damit auch die Königswürde, der mit seinem Pferd die oben am Fenster eines Turmes sitzende Königstochter erreichen kann. Auch damit ist die Königswürde verbunden.

Puk (S. 50). Die Puken des Nordens (in manchen Texten auch Puck und Pucken geschrieben) gibt es als Geister im Haus und im Freien. Sie sind freundlich zu den Menschen, wenn diese sie gut behandeln. Andernfalls treiben sie groben Schabernack mit ihnen oder schaden den Menschen sogar. Puken ähneln vielleicht Wichteln, oder sind sie mit Heinzelmännchen zu vergleichen, wie wir sie als Die Heinzelmännchen von Köln kennen? Sie wollen nicht gesehen und erkannt werden, sonst wird aus dem guten Hausgeist ein Kobold, der schelmisch und tückisch handelt.
Die Menschen sollen nur ihr verborgenes Wirken wahrnehmen und entsprechend lohnen. Der Knecht aber ist übermütig, und der Puk erteilt ihm eine heilsame Lehre.

Nis Puk in Hattstedt (S. 52). Die Puk-Geschichten sind Lehrgeschichten mit eindeutiger Botschaft: Gebt dem Kleinen Volk etwas ab, dann wird es euch gut gehen. Unsere Sprache beherbergt noch das Wissen von unsichtbaren Wesen: Wenn wir uns in einer Hausgemeinschaft wohlfühlen, sagen wir „Hier herrscht ein guter Geist."

Die Wichtelmänner (S. 53). Diese Wichtelgeschichte erinnert an die Heinzelmännchen von Köln; aber die Wichtel werden nicht durch übermütige Neugier der Menschen vertrieben, sondern sie werden dankend beschenkt. Sie scheinen zu wissen, dass der Schuster nun ohne ihre nächtliche Wichtelhilfe auskommen kann, und sie verschwinden beglückt. Mensch und Wichtel sind hier gleich gesinnt.

Der Kobold und die Ameise (S. 54). Hier wird ein dreister, besitzergreifender Kobold geschildert. Kinder lieben diese Geschichte. Einerseits identifizieren sie sich mit dem armen vertriebenen Fuchs, der Hilfe bei den Großen sucht; andererseits kennen sie das Koboldhafte bei sich selbst, wenn einen der „Hafer sticht" und man nicht aufhören kann, andere zu ärgern oder ungehorsam zu sein. Am schönsten aber ist es, dass das kleinste Wesen, die Ameise, den Übermütigen auf witzige Weise bezwingt. Es ist für Kinder, die sich immer als die „Kleinen" erfahren, sehr wohltuend, in die Rolle des winzigen Helfers zu schlüpfen.

Die Katze vom Dovreberg (S. 55). Die Bezeichnung Troll für ein nicht menschliches Wesen gibt es in den nordischen Ländern. Es heißt, dass sie kein Sonnenlicht vertragen. Wenn die Sonne sie bescheint, so versteinern sie. Das deutet wohl auf ihr etwas dunkles Wesen hin. Aber die Menschen scheinen sie als Naturgeister zu achten und stellen sich gut mit ihnen: Es war Sitte, zum Julfest für die Trolle einen üppig gedeckten Tisch vorzubereiten. Die Bewohner der Höfe zogen dann selbst in die Ställe oder Scheunen und überließen den Trollen das Wohnhaus. Ganz uneigennützig war das jedoch nicht: Es verbarg sich dahinter das Bedürfnis nach einem rauschhaften Fest, bei dem viele Kinder gezeugt wurden. Offenbar war dies ein der Natur entsprechender Brauch zum Erhalt der Nachkommenschaft. Das norwegische Märchen von dem weißen Bären erzählt davon, berichtet aber gleichzeitig von dem Ende dieses Brauches.

Die Trollhochzeit (S. 56). Das Märchen aus Norwegen zeigt, dass auch Trolle die Sehnsucht nach der Verbindung mit einer menschlichen Seele kennen. Dieser Zug ist scheinbar allen Jenseitswesen gemeinsam. Wir können es Erlösungsbedürftigkeit nennen oder auch als einen Versuch verstehen, sich aus dem halb oder ganz unbewussten Naturzustand zum bewussten Geistwesen hin zu entwickeln. Die Gestalten eines Märchens sind die verkörperten Seelenanteile in uns, die uns einen Spiegel unseres Menschseins vorhalten. Hier wird erzählt, wie das Gold und der Schmuck ein junges Mädchen so blenden können, dass es die Wirklichkeit vergisst.

Die Bienenkönigin (S. 59). In den Märchen der Brüder Grimm tauchen am Wege der Helden oft kleine alte Männchen auf, die sich keiner der vorangegangenen Gruppen zuordnen lassen. Sie bitten manchmal um ein Stückchen Brot und prüfen so die Gesinnung des Helden. Wer sie verlacht, wird sein Ziel nicht erreichen und die gestellten Aufgaben nicht erfüllen können. Wer einfühlsam reagiert, wird erst einmal ohne Geschenk weiter seinen Weg ziehen, aber bei einer Probe oder in einer Gefahr Hilfe erfahren. Das kleine Männchen oder die Alte in den Märchen ist vielleicht ein Anteil meiner selbst: Wenn ich achtsam auf meine „alten" Anteile horche, mich nach meinem geheimen Gewissen richte, wird mir Weisheit zum Handeln geschenkt, die nicht berechnend und aufrechend nach dem eigenen Vorteil fragt.

Die Zwerge im Kampf mit den Riesen (S. 60). Einen ganz anderen Zug des menschlichen Wesens verkörpern die Riesen. Im Gegensatz zu den wegweisenden kleinen Männchen brauchen die Riesen geradezu oft die Hilfe des Menschen. In Die Kristallkugel (KHM 179) zum Beispiel begegnen sich naive Riesen und der naive Märchenheld, aber ihre Naivität ist von ganz unterschiedlicher Art. Die Riesen sind beschränkt-naiv; sie finden keine Lösung für ihren Streit, aber sie sind bereit, sich von den „kleinen Menschen, die klüger sind als wir" helfen zu lassen. Der jüngste der drei Brüder, der die Königstochter erlösen will, ist gutwillig-naiv; er denkt nur an sein Ziel und verdrängt die Riesen aus seinem Gedächtnis. Dumme Einfalt wird sich selbst überlassen – vielleicht ziehen wir als Einfaltspinsel eine Lehre daraus? Kluge Einfalt wird belohnt – vielleicht ist nur das Zugehen auf das Wesentliche wichtig? Manchmal versuchen wir Menschen, unsere Probleme durch Kraftmeierei auszutragen, durch Überwältigung des Gegenübers, wie es die Riesen tun. Aber ein argloser, friedlicher Mensch findet meist die besseren Lösungen und wird dazu noch belohnt.
Was der Sammler der Erzählungen, C. P. Hansen, über die Sylter Riesen und Zwerge seinerzeit erfuhr, füge ich hier im Wortlaut und in der damaligen Orthografie an. „Als die Friesen, die man ihrer Größe und Stärke wegen oft in den Sagen als Riesen und, weil sie stets sich tüchtig zu wehren pflegten, als Kämper bezeichnete, zuerst nach den hiesigen Gegenden kamen, um sich an den cimbrischen Nordseeufern anzusiedeln, fanden sie in der See, südwestlich von Jütland, ein ansehnliches Eiland, welches sie Söld (Seeland, Silendi oder Silt) nannten. Dieses Land war an den Nordwest- und Nordostenden hoch und dürr und mehrenteils mit Heide und Gebüsch bewachsen, aber an der Südseite niedrig und feucht oder marschartig und fruchtbar. Die Friesen fanden bei ihrer Ankunft auf Sylt das höhere unfruchtbare Land bereits bewohnt von einem zwergenartigen, fröhlichen und glücklichen, doch auch leichtsinnigen und betrügerischen Völkchen, das aber in der Sage gewöhnlich als ein vorweltliches Geschlecht von Erdgeistern und Troglodyten erwähnt wird. Die Friesen beachteten anfänglich die Nachbarschaft der zwergenartigen Heide- und Höhlenbewohner wenig, allein die fortwährenden Betteleien und Diebereien der Önereersken ermüdeten endlich die Geduld der Friesen." Daraus wurde die Geschichte vom Kampf der Zwerge mit den Riesen auf Sylt.

Das blaue Band (S. 62). In diesem Märchen werden Riesen mit ihren Eigenheiten besonders klar geschildert: Sie können arglos und friedfertig sein; sie können boshaft und wild in ihrer Stärke sein. Zerstörerisch und scheinbar unbesiegbar aber zeigt sich die böse Mutter in ihrer Hinterlist. Wie in vielen Märchen richtet sie sich sozusagen selbst: Ihre eifersüchtige Bosheit macht sie so krank, dass sie daran stirbt.
Was aber hat es mit dem blauen Band auf sich? Die kindliche Einfalt des Hans seinem Fund gegenüber – „wer weiß, wozu es gut ist" – wird ihm zum Lohn. Er ist mit dem blauen Band sozusagen angebunden an höhere Mächte und Kräfte, die ihn vor den Nachstellungen der bösen Mutter schützen, ohne dass er sie durchschaut. Er ist geradezu blind für die Bosheit; das zeigt das Bild von den ausgestochenen Augen. Er muss seine Blindheit erst erfahren, damit ihm die Augen aufgehen. Später trägt er das blaue Band immer bei sich, bleibt bewahrt, ja, er wird sogar Herrscher für Schwächere, die ihm mit seinem Königtum anvertraut werden.

Die zwei Riesen (S. 64). Der Schwank aus Ostfriesland erzählt in Kürze von einer Situation, die eigentlich ganz harmlos ist. Die groben Riesen durchschauen es nur nicht. Es sind die Frauen, die eine friedliche Lösung finden. Der Schwank zeichnet ein ähnliches Bild von den an Körperstärke überlegenen, aber an Witz und Verstand nicht allzu begabten Riesen, wie das der Sylter Riesen. Es wird bildhaft erzählt von dem Gegensatz der scheinbaren Überlegenheit des Großen gegen die Einfälle des Kleinen. Damit ist vielleicht ein Bild des Menschen gegeben, das ihn einerseits in seiner draufgängerischen und angeberischen Art zeigt und andererseits die gewitzte und einfallsreiche Seite, die sich einfühlsam, verbindend, schlichtend zeigt. Wir sind ja immer beides: männlich und weiblich, forsch und ängstlich, einfallsreich und einfallslos.
Das zeigen auch Märchen, in denen sich Riesen und Schneider, die klein und zierlich gedacht werden, oder Hirtenjungen begegnen. Wir fühlen uns Kleinen und Schwachen leicht überlegen und erfahren doch immer wieder, wie Kinder mit ihrer optimistischen Weltsicht und ihrer vertrauensvollen Naivität und ihrem Einfallsreichtum uns vielfach witzige, schlaue, kluge Lösungen von Problemen bieten, die wir in unserer Befangenheit nicht gesehen haben.

Stompe Pilt (S. 66). Durch witzige Einfälle ist der gewandte Kleine dem plumpen Großen überlegen. Das ist die gewöhnliche Sicht auf die ungeschickten Riesen. Kinder erleben hier weniger körperliche Maße als das Entscheidende, sondern vielmehr die Bedeutsamkeit von inneren Qualitäten. Sie identifizieren sich mit den kleinen Großen.

Wie die Önereersken vertrieben wurden (S. 68). Wenn Menschen nicht mehr so recht an die unsichtbaren Wesen glauben, von denen jahrhundertelang in überlieferten Geschichten von Generation zu Generation erzählt wurde, dann wollen sie sich von ihrem „Aberglauben" befreien. So entstehen die Geschichten, die vom Verschwinden des nicht Beweisbaren erzählen. In den Kindern – und in dem im Erwachsenen nicht geleugneten Kind – leben aber alle die unsichtbaren Wesen weiter als Kräfte, die wirken, auch wenn wir sie nicht sehen.

Benutzte Literatur und Quellen

Die schönsten Sagen der Insel Sylt. Hrsg. Manfred Wedemeyer. Pomp & Sobkowiak. Essen 1988

Schmökerlexikon. Hrsg. Manfred Wedemeyer. Peter Pomp. Essen 1991

Sylter Sagen. Hrsg. Wilhelm Jessen nach Schriften des Heimatforschers Christian Peter Hansen. Hansen & Hansen. Münsterdorf 1976
1. Die Unterirdischen. Neu erzählt von Linde Knoch
2. Die Zwerge im Kampf mit den Riesen. Neu erzählt von Linde Knoch
3. Wie die Önereersken vertrieben wurden. Neu erzählt von Linde Knoch

Nordfriesische Sagen. Hrsg. Rudolf Muuß. Nordfriesischer Verein für Heimatkunde und Heimatliebe. Husum 1992. Nachdruck der Ausgabe Flensburg, Flensburger Nachrichten. 1933. Husum Druck- und Verlagsges.
1. Das Schwert in den Tribergen. Neu erzählt von Linde Knoch
2. Nis Puk in Hattstedt. Neu erzählt von Linde Knoch

Sagen und Märchen von der Nordsee. Hrsg. Elisabeth Hering. Altberliner Verlag Lucie Groszer. Berlin 1961
1. Der Ursprung der Friesen und das Schiff Mannigfuald. Neu erzählt von Linde Knoch
2. Der Meermann Ekke Nekkepenn. Neu erzählt von Linde Knoch
3. Die drei Töpfe am Meeresgrund. Neu erzählt von Linde Knoch
4. Der Mantel der Meerjungfrau. Neu erzählt von Linde Knoch
5. Der Mühlstein am seidenen Faden. Neu erzählt von Linde Knoch
6. Puk. Neu erzählt von Linde Knoch

Märchen und Sagen. Carl und Theodor Colshorn. Hannover 1854
Warum das Meerwasser salzig ist. Neu erzählt von Linde Knoch

Die Märchen der Weltliteratur. Eugen Diederichs
1. Norwegische Märchen. Hrsg. Bernhard Schulze. Leipzig 1977.
Die Katze vom Dovreberg. Neu erzählt von Linde Knoch
2. Norwegische Volksmärchen. Hrsg. Klara Stroebe und Reidar Th. Christiansen. Köln 1986. Die Trollhochzeit. Neu erzählt von Linde Knoch

Zauberpferd und Nebelriese. Hrsg. Ulrike Blaschek-Krawczyk. Fischer 1995
Der Kobold und die Ameise. Neu erzählt von Linde Knoch

Nordische Volksmärchen. 1. Teil Dänemark/Schweden. Hrsg. Klara Stroebe. EugenDiederichs. Jena 1922
Stompe Pilt. Neu erzählt von Linde Knoch

Kinder- und Hausmärchen der Brüder Grimm.
1. Die Wassernixe Nr. 79. Neu erzählt von Linde Knoch
2. Die Nixe im Teich Nr. 181
3. Die Wichtelmänner Nr. 39
4. Die Bienenkönigin Nr. 62

Märchen der Eskimo. Hrsg. Heinz Barüske. Fischer tabu. Frankfurt a. M. 1975
Imap Ukua, die Mutter des Meeres. Neu erzählt von Linde Knoch

Nach mündlicher Überlieferung.
Die zwei Riesen. Schwank aus Ostfriesland. Erzählt von Linde Knoch

VERZEICHNIS DER BILDER

Seite 2
Aufgewühlte See
Öl auf Nessel 190 x 300 cm

Seite 11
Woge
Öl auf Leinwand 80 x 100 cm
Privatbesitz

Seite 18
Brandung
Öl auf Nessel 150 x 200 cm

Seite 23
Überspülte Buhne
Öl auf Leinwand 110 x 130 cm

Seite 28
Dorfhäuser
Öl auf Nessel 120 x 130 cm
Privatbesitz

Seite 35
Winterlandschaft
Öl auf Nessel 60 x 60 cm
Privatbesitz

Seite 58
Hoher Himmel
Öl auf Nessel 70 x 70 cm
Privatbesitz

Seite 65
Färöer
Öl auf Nessel 120 x 120 cm

Alle anderen Bilder (Aquarelle) sind Skizzenbüchern entnommen.
Wenn nicht anders bezeichnet, befinden sich die Bilder im Besitz von Annette und Ingo Kühl.

Ingo Kühl www.ingokuehl.com

1953 geboren in Bovenau/Schleswig-Holstein

1977-1982 Studium der Architektur und Bildenden Künste an der Hochschule der Künste Berlin

1982 Aufenthalt in New York, Atelier in Brooklyn

seit 1880 neben Berlin weitere Ateliers an der Nordsee auf Eiderstedt, Amrum, Nordstrand, Sylt

Reisen in Europa, Israel, Iran, Thailand, Laos, Neuseeland, Südsee, Peru

2001-2002 einjähriger Aufenthalt in der Südsee: Cook-Inseln, Französisch Polynesien, Fidschi, Vanuatu

2005 Reise nach Feuerland, Chile

lebt als freischaffender Maler in Keitum / Sylt und in Berlin

Ausstellungen (Auswahl, B = Beteiligung)

1982 The Center for Art and Culture of Bedford Stuyvesant Inc., Brooklyn, New York

1988 Nordfriesisches Museum - Nissenhaus, Husum

1988 Schleswig-Holsteinisches Landesmuseum, Schloss Gottorf, Schleswig (B)

1991 Wilhelm-Hack-Museum, Ludwigshafen am Rhein (B)

2002 Nationalmuseum der Republik Vanuatu, Port Vila

2004/05 Ethnologisches Museum, Staatliche Museen zu Berlin, Museen Dahlem

2005 Museum der Stadt Bad Hersfeld

Bibliografie (Auswahl 1981-2008)

Architektur-Phantasien · Nordsee-Bilder · Luft und Wasser (mit Sarah Kirsch) · Vor Island (Mappe mit Lithografien) · Winterreise (nach Franz Schubert) · Färöer · Vier Jahreszeiten · Am Meer · Nordsee – Südsee · Macht der Natur · Landschaften am Ende der Welt · Auf dem Weg ins Unbekannte · Skizzenbuch Neuseeland / Südsee / Peru · Skizzenbuch Sylt

Linde Knoch www.ohrenlicht-maerchen.de

1940 geboren in Steinfeld/Mecklenburg-Vorpommern

1984-1991 Ausbildung zur Märchenerzählerin und Seminarleiterin bei Felicitas Betz/Augsburg u. a.

Sprachgestaltung bei Sabine Eberle/Bonn und Beate Krützkamp/Hamburg

Mitglied der Europäischen Märchengesellschaft (EMG), von 1995 bis 2001 Vizepräsidentin

Seminare zur Ausbildung als Märchenerzähler/in, zur Märchenkunde und zum meditativen Umgang mit Märchen an verschiedenen Akademien und Fortbildungseinrichtungen

Vorträge für die EMG, diverse Institutionen und Hochschulen

Märchen-Repertoire z. Z. 166 Märchen der Völker der Erde

Ausrichtung und Mitausrichtung von Tagungen und Kongressen (Auswahl)

1997 Sylt, Internationaler Frühjahrskongress der EMG

2005 Cloppenburg, Fachtagung Erzählen der EMG

2009 Bad Orb, Internationaler Frühjahrskongress der EMG

Veröffentlichungen

Praxisbuch Märchen. Verstehen Deuten Umsetzen. Gütersloher Verlagshaus. 3. Aufl. 2007
ISBN 978-3-579-02309-0

Fisch und Flügel. Märchen und Gedichte vom Alter und für das Alter. 2007
www.VerkanntenVerlag.de
ISBN 3-00-021237-6

Zahlreiche Artikel in Fachbüchern und -zeitschriften